やせ体質になれる

やさしい ほぐピラ

パーソナルトレーナー　星野由香

はじめに

体はあなた自身でしか変えられません　おうち時間に『やさしい ほぐピラ』を習慣に

こんにちは！　パーソナルトレーナーの星野由香です。
私はこれまで年齢、職業はもちろん、キレイになりたい、やせたい、不調を改善したいなど、それぞれ目的が違う、たくさんの方にトレーニングの指導をさせていただきました。
その中で生まれたのが、「ほぐし」と「ピラティス」の動きで「鍛える」を組み合わせた『ほぐピラ』です。
のちほど詳しく解説しますが、『ほぐピラ』というトレーニング法を見つけたおかげで、多くの方の体を効率よく変えることができるようになりました。

そんな中、昨年（２０２０年）、世界中にコロナウイルスが蔓延し、おうちで過ごすことを余儀なくされました。
私ももちろん、多くの方が先の見えない不安を感じ、体にも心にも不調をかかえる人が増えているように感じています。
これまで対面で指導をさせていただいていた私も自宅にいる時間が増え、
「今、トレーナーとして何ができるのか……」と頭を悩ませました。
そしてたどりついたのが、おうち時間で体を少しでも動かすことができる
『ほぐピラ』をできるだけ多くの方に紹介すること。

そのきっかけになればと『ほぐピラ』のインスタライブを重ねました。
みなさんからうれしい反響をいただいて、ボディメンテナンスはどこかに出かけなくても、
おうち時間を活用して自分自身で十分にできる。
誰でも体を動かすことで、体は当然のこと、
心まで変えていくことができると確信しました。

本書では誰でもおうち時間を利用して簡単に始められるように
手作りローラーを使い、おもな動きを動画で紹介しています。
もちろん、おうちにあるローラーを使っても大丈夫です。
あなたの体を変えられるのは、あなた自身だけなのです！

部屋の大掃除や模様替えをするように『ほぐピラ』で心地よく美しい体を手に入れましょう

肩ってこんなに盛り上がっていた？
二の腕ってこんなにたるんでいたかしら？
背中や腰にたっぷりついたぜい肉が落ちなくて……。
多くの方が、以前と体が変わってしまったことに、とまどっていらっしゃいます。
そんなとき、誰でも年齢だけでなく生活習慣によっても体型が変わってくるのは当然、
それこそ人間の生活の知恵なんですよ、とお伝えしています。

例えば、昔より家事や仕事をてきぱきとこなせるようになっていませんか？
それは今まで頑張ってきた証拠。経験によって体を大きく動かさなくても、
日常生活を効率よく過ごせる体＝省エネな体になっているからなのです。
それはすばらしいことなのですが、省エネな体のまま何もしなければ、
筋肉を使いすぎている場所、使わない場所など、体のバランスがくずれ、

巡りが悪くなってボディラインがくずれたり、不調が起きたりします。
経験値を重ねてきた体にこそ、より体を動かすサインに早めに気づき実行することが必要なのです。
家でもっと心地よく過ごしたいと思うと、部屋の大掃除や模様替えをしますよね？
体も、もっと健康で美しくなるためには、体の大掃除や模様替えが必要です。
その体の模様替えに役立つのが本書で紹介する『やさしいほぐピラ』です。
ローラーでこりをほぐしながら動かすことで体の大掃除。
使っていなかった筋肉をまた動かして鍛えながら、
お部屋を整えるようにボディメイクしましょう。

そのとき大切なのは、体を動かしながらどこが気持ちいいかな？
どう変わっていくかな？ と感じることです。
少しずつ『ほぐピラ』で気持ちよさを感じながら
体の模様替えをすると、どんどん不調の少ない美しいボディの
やせ体質に変わることに驚くと思います。
『やさしいほぐピラ』はみなさんの体を心地よく、
美しく模様替えできるエクササイズです。
ぜひ、みなさんのおうち時間の習慣にしてください。

体の奥にまでアプローチしてくれる

『ほぐピラ』は、私にとても合っています

美容家

神崎恵さん

Profile
1975年生まれ。イベントやメイク講座、コスメブランドのプロデュースなど、幅広く活躍。著書は『神崎 CARE』（ワニブックス）など多数。Instagram @megumi_kanzaki

多くの女優、モデル、タレントなど、美しい人たちがハマっている『ほぐピラ』メソッド。中でも、いち早くこれまでのエクササイズとは違う！と『ほぐピラ』のよさを自身のインスタグラムで紹介されたのが、40代にして誰もが憧れる美ボディを持つ美容家の神崎恵さんです。神崎さんに『ほぐピラ』についてお話を伺いました。

　多くの女性が憧れる、美肌と女性らしいボディラインの持ち主である美容家の神崎恵さん。そのボディメイクに一役買ったのが『ほぐピラ』。はじめて『ほぐピラ』を体験したときは「体の奥まで刺激が届いて、奥のほうで何かが起こっているという印象が強く残っています」と言います。

「そして、星野先生から『ここを動かしてください』と言われても、動かすことができない場所がたくさんあったのには驚きました。日常生活でも動かしやすい部分を使って偏ったまま体を動かしていたことが、変なところが盛り上がってしまうなど、ボディバランスをくずす原因になっていたんですね。『ほぐピラ』はそんな筋肉のクセを正してくれるもの。ただ体を動かせばいいのではなく、正しい場所を使って正しく動か

すことが大事なんだということを知りました。動かなかったところが動くようになったとき、星野先生が『やっと開通しましたね』とおっしゃって。はじめはその『開通』の意味がわからなかったのですが、できない動きができるようになると、体の中で遮断されていた筋肉へ信号がつながる感覚がわかってきて、『ほぐピラ』がどんどん面白くなっていきました」

ほぐピラ歴は2年を超え、今でも週2回ほどトレーニングを続けているそうです。

「『ほぐピラ』を続けていちばん大きな変化は、疲れにくくなったこと。また、生活で身についてしまった姿勢や、それによってできてしまった体の変な盛り上がりやかたさ、むくみもスッキリしています。何より、体の奥のこりを取り除いて可動域を広げるなど、見た目だけではないところにアプローチできることが、私の求めているものにとても合っていると感じています。

体が変わってきて、たとえそれが理想に近づいたとしても、その状態がずっと続くわけではありません。それに年齢やそのときどきの気持ちによって、今度はこうしたいという目標がわき起こってきます。自分をデザインしていくことにゴールはありません。ですから今後も自分の変化に合わせながら、ずっと続けていくものだと思っています」

最後に、『ほぐピラ』をこれから始める人へ、長く続ける秘密を伺いました。

「『ほぐピラ』にはじめて挑戦するときは、面倒くさいな、つらいなと思うかもしれません。でもまずは最初の1週間一生懸命やってみてください。そうすると小さくても必ず変化を実感でき、動くことが楽しく感じられてくると思います。そのうえで『ボディラインが変わったらこのパンツをはいてみよう』とか、新しいお洋服を準備したり、ちょっとしたイベントをつくってみてはいかがでしょうか。私もやる気スイッチが切れることがあります。それでもいいんです。でも、またスイッチを入れられるような楽しみをつくっておくと、美しくなることがもっと楽しくなると思います」

美ボディ体験談

『ほぐピラ』で体が変わりました!

ボディメイクが目的で『ほぐピラ』を始めると、体重の変化よりも変わるのがその見た目。
不必要な盛り上がりがとれて女性らしいボディラインになり、不調もラクになったという体験談を紹介します。

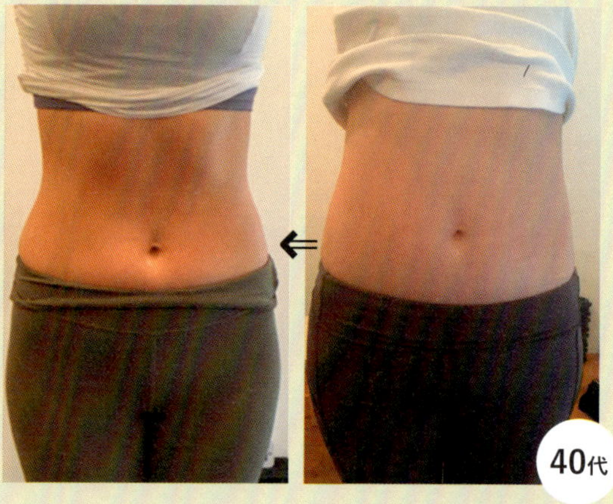

下腹がへこみ くびれが出現!

いかり肩で首が短く、長時間の運転による体のゆがみが強く出ていました。特にアクセルを踏む右の前ももばかりが使われ、裏ももが使われていなかったので、それが原因で反り腰に。そのため、背中やわき腹のほぐピラを重点的に行いながら、同時におなかやせほぐピラ、脚やせほぐピラに挑戦。おなかのもたつきが減り、くびれもくっきり出てきました。

わき肉のもたつきがとれた!

小学生のママで、忙しさに肩こりが何かわからないというほど、 こりが慢性化して体はガチガチ。背骨をほぐしていくうちに、肩こり、首こりの不調に気づいてきたとか。背中のこりがほぐれ、体幹の筋肉がついたことで胸から腰のわき肉がとれてボディラインが引き締まりました。

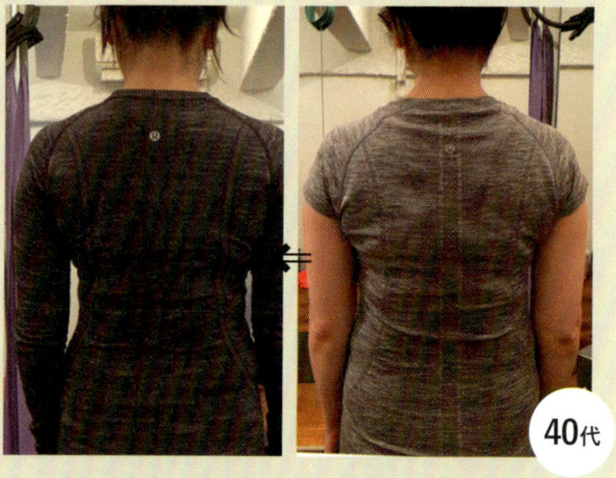

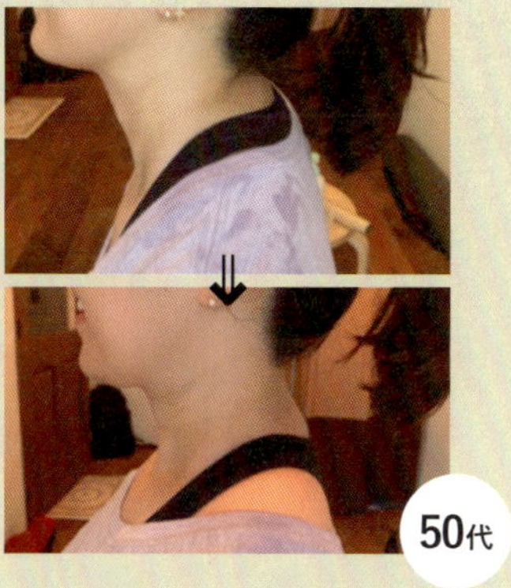

フェイスラインがスッキリ!

背中がかたくて、背中と首の動きがつながっていなかったために首が亀のように埋まっていました。背中をほぐしながら、首の筋力をつけていくことで、首が伸び、フェイスラインもスッキリ。前に出ていた首も後ろに引くことができるようになり正しい姿勢に。

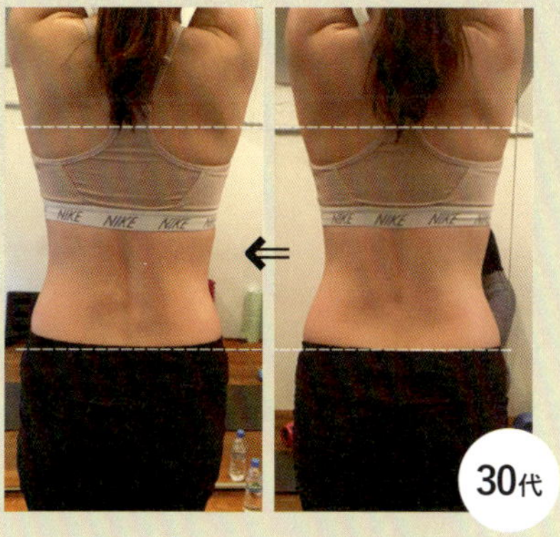

ウエストのくびれがくっきり!

バレーボールをやっていたために筋肉質な体型で、股関節の動きが悪く、太ももの前側が張り、背中が丸まっていました。太ももの前側と背中をほぐして、わきの動きをよくするうちに、背中や腰まわりについたぜい肉がとれ、くびれがくっきりと出てきました。

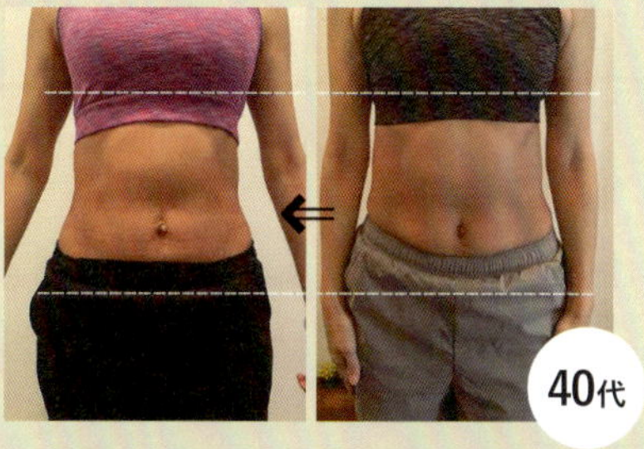

産後のおなかが元に戻ってきた!

産後で、骨盤の開きが強く、背骨がかたく動きが悪い状態。まずは「おなかやせほぐピラ」を中心に行って徐々に腹筋を取り戻しながら、お尻を鍛えたら、背中が動くようになってきました。おなかや腰まわりのぜい肉がとれて、体幹部がスッキリ、バストもアップしています。

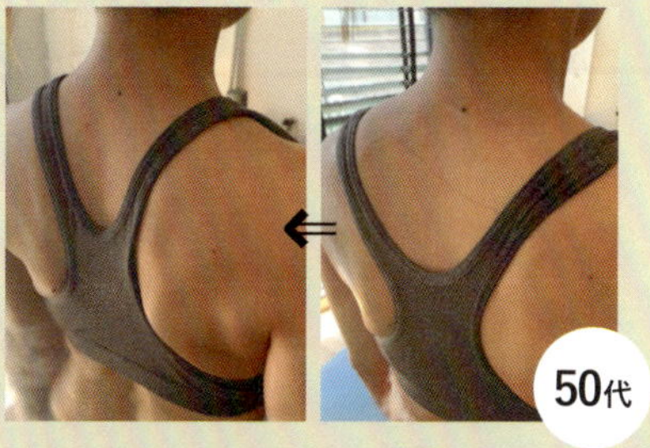

肩甲骨が浮き出てきた!

横隔膜がかたく、呼吸が浅く、常に睡眠不足だったので、まずはほぐして深い睡眠をとれるようにしましょうという提案から始まりました。背中やわきをほぐしながら動く『ほぐピラ』で、呼吸が深くなり、首の盛り上がりがなくなり、肩甲骨が浮き出てきました。呼吸が深くなるので眠りも深くなってきたそうです。

★印がついているページは著者による実演動画で動きを確認できます！

第1章 始めた人からみんなキレイになる!! ほぐピラの秘密

第2章 やせ体質になるベースづくり、ほぐピラ準備運動

第3章 引き締めたいところをねらいうち！ 部分やせほぐピラ

脚やせほぐピラ

二の腕やせほぐピラ

第1章

始めた人から
みんなキレイになる!!
ほぐピラの秘密

いよいよ『ほぐピラ』をスタート！
まずは『ほぐピラ』って何？
どうやって誕生したの？
そんな疑問や動き方のコツ、
キャンディローラーの作り方など、
体を動かす前に知っておきたいことを紹介します。

『ほぐピラ』とは「ほぐし」+「ピラティス」を組み合わせた内側から体が変わる新メソッド

『ほぐピラ』とは、体や関節の動きをジャマしているこりがたまった筋肉や筋膜をほぐしながら、ピラティスの動きで鍛えるという、私が考案した独自のメソッドです。

例えば、大きく脚を開こうとしても股関節のある一定の筋肉のまわりにこりがたまっていると、思うように脚を動かすことができません。特に日常生活で座りっぱなし立ちっぱなしなど、同じ姿勢が続いて体の使い方が偏っている場合、使いすぎている場所にこりや老廃物がたまり、それによって関節の可動域が制限されてきます。その状態でいくらトレーニングをしても、なまけている筋肉を動かせずに、動かしやすい筋肉だけを使うため、偏ったボディラインになってしまうのです。

その一方で、ほぐすだけでもダメ。ほぐすことで筋肉のこりはとれますが、筋力がなければ体を思うように動かすことができませんし、筋肉に張りのないゆるゆるボディになります。

そこでたどりついたのが、ほぐしと鍛えることを同時に行う『ほぐピラ』です。ツール（本書ではキャンディローラー）を使って筋肉のこりをほぐしながら、ピラティスの動きで鍛えることで、可動域の制限を取りはずし、正しく動ける体をつくります。

なぜ体を動かすのにピラティスがよいかを解説しましょう。ピラティスは人間が本来持っている健康な動きを取り戻すことを目的としたリハビリから生まれたメソッドです。1つの動きでも体幹から手足へとたくさんの筋肉を連動させながら、しなやかに動ける体をつくれるように考えられています。ケガをした人から、プロのダンサーまで自重でエクササイズができるように開発されました。そのため、ピラティスの動きで体を鍛えることは、本来の健康な体に近づくための近道なのです。

しかし、いきなりピラティスを行っても、指示どおりに動けない人がほとんど。それを解決するのが『ほぐピラ』です。正しい動きをジャマしているこりに圧をかけながらほぐすことで、ピラティスの動きがスムーズにできるようになります。最初は体のこりが強いので『ほぐピラ』の『ほぐ』が多いかもしれません。こりがほぐれて思うように体を動かせるようになったら、ツールでほぐすことをせずに動きだけに集中する『ほぐピラ』の『ピラ』で体を変えていくことができます。このように『ほぐピラ』は継続していくことや、日々の体調でどんどん変化していくメソッド。今の自分の体がどんな動きを求めているのか、その変化を楽しみましょう。

続けていくうちに体に必要な『ほぐピラ』が変わります

『ほぐ』はほぐし、『ピラ』はピラティスの動きで体幹にアプローチしながら鍛えること。こりや引っかかりのほぐれに応じて『ほぐ』より『ピラ』を重視することで体がどんどん変わります。

ほぐピラ指数

弱

ほぐ

体幹を刺激せずにほぐしツール（キャンディローラー）に圧をかけて、体のこりをほぐすことに集中します。自重を使ってマッサージをするのと同じようなイメージです。

▼

ほぐピラ

ほぐしツールに圧をかけてこりをほぐしながら、ピラティスの動きで体幹を鍛えます。こりの強い場所に圧をかけることで、なまけた筋肉だけを効率的に鍛えられます。

▼

ほぐピラピラ

筋肉のこりがとれてきたら、ほぐす場所よりも、体を動かしたり、鍛えたりする『ピラ』することに意識を向けましょう。今までできなかった動きができるようになってきます。

▼

強

ピラ

ほぐしツールを使わなくても、使いたい筋肉を利用して体を動かすことができるのが本来の体。ただし体は毎日変わります。疲れがたまったなと思ったときには『ほぐ』を加えて。

マンガ

『ほぐピラ』誕生物語

モデル、女優、キレイな人はみんなハマっているとウワサの『ほぐピラ』。ほぐし×ピラティスが融合した『ほぐピラ』はどうやって生まれたの？ その誕生秘話をマンガで解説します。

出合ったのが
突起つきローラー!!
ピーン!!
これを使えばマッサージと同じ効果があるのでは?
まるで突起が私の親指みたい!
これを使いながらピラティスをすれば、ほぐしながら、鍛えることができる!
ほぐし+ピラティス
…これだ!
ほぐピラ誕生!!
『ほぐピラ』を行うと、やせないといっていた人たちの…
首が伸びた!
キュッ
ウエストのくびれができた!
スラ~
お尻が上がった!
プリッ
体がどんどんキレイに変化!
私自身の産後ボディの戻りも早い…
これは効くわ!
スラッ!
さらに手軽に…
手作りのキャンディローラーや雑誌で作るローラーでも『ほぐピラ』ができる!
テニスボール
雑誌
一度にマッサージとトレーニングができる一石二鳥のエクササイズが『ほぐピラ』です
「ほぐピラ」がすごいよ~!!
女優さんやモデルさん、美ボディを目指す女子の間でも『ほぐピラ』が話題沸騰中です!

こりをほぐして
体の動きを取り戻す
巡りのいい体になれば
やせ体質に

最近、ダイエットをしてもやせづらくなってきた……。何をしてもむくみがとれない、こりや疲れがとれない、と悩んでいませんか？　それは体の巡りが悪くなっていることが原因かもしれません。

　体の巡りって何？と思う人も多いでしょう。私たちの体の中はすみずみまで血液はもちろん、水分、そして神経の伝達（流れ）も巡っています。ところが筋肉や筋膜にこりがたまり、体が思うように動かせないと、すべての流れが滞ってしまうのです。それを川にたとえてみれば、やせにくい、不調がある、そんな人の体の中は、ゴミがたまって水の流れがせき止められたよどんだ川のようなもの。一方、このゴミを取り除いて、水がスムーズに流れるように整えている川が『ほぐピラ』後の体内だと考えてみましょう。こりやかたさをほぐしながら体の老廃物を取り除き、血液や水分がスムーズに流れるようになまけた筋

H O G U　P I L A

肉の動きを整えれば、体じゅうの巡りがよくなり、老廃物がどんどん排出されて美しい体に変化していきます。

　体の巡りがよくなればむくみが消え、体が軽く、スッキリしたことを感じるでしょう。筋肉や筋膜のこりや老廃物などの不必要なものがとれれば、体の厚みが薄くなります。また正しく筋肉を使えるようになることで、首が長くなった、わきがくぼんだ、肋骨が閉じてウエストがくびれたなど、ボディラインが整ってきたと驚く人も少なくありません。

　『ほぐピラ』は、生まれながらに持っている、不調知らずの美しい体を取り戻すためのメソッド。こりをほぐしながら鍛えることで、表面に見えるラインだけでなく、体の中の巡りがよくなって内臓の生理機能が整います。そのため、いつでも体に必要なものは吸収でき、不必要なものを排出できる体。つまり『やせ体質』に変わるのです。

『ほぐ』の圧や
『ピラ』の動きは
自分しだい。
体の変化を楽しんで!

運動が苦手だと、エクササイズをすることに二の足を踏んでしまいます。でも、ローラーの上に寝ころんで転がしながら、マッサージのように体をほぐすことはできますよね？

　まずはそれからでもいいのです。そのときに大事なのは、気持ちいい？　イタ気持ちいい？　と体の変化を感じること。その動きが間違っている？　効いている？は、まずは考えなくてもいいのです。どんな動きでも体を少し動かすだけで、体内では水分や血液が巡り、代謝が始まって、目に見えないけれど変化は必ず起きています。

　また、本書で紹介するエクササイズどおりに体が動かない場合もあるかもしれません。でも大丈夫！　今日動かなかったとしても、毎日少しずつ続けて、昨日と違う体の変化を感じてみましょう。それを感じるだけでも、動かなかった筋肉に神経の通り

HOGU PILA

道が復活して必ず動けるようになります。

『ほぐピラ』は運動が苦手でも得意でも、自分のペースに合わせて行うことで体を変えていくメソッド。回数や秒数はあくまでも目安でしかありません。

　同じ動きでも、ある人にとって簡単でも、ある人にとっては刺激が強すぎる場合があります。できるからOKなのではなく、昨日とは違う体の小さな変化を感じるのが『ほぐピラ』の目的です。できる回数でいいですし、もっとやりたい人は回数を増やしてもかまいません。回数も強度も自分しだいでいいということ、自分が変化を起こすために必要とする回数を知っていくことです。感じることで体の中を走る神経伝達のネットワークが目覚め、思いどおりにスムーズに動かせる、美しくバランスのとれた体に変わってきます。

ほぐしに使うローラーは何でもOK。目的によって使い分けましょう

私が『ほぐピラ』を紹介するときによく使うのは、「ランブルローラー」という突起つきのローラーです。でも、『ほぐピラ』のツールはこれにこだわる必要はありません。家にあるグリッドローラーやフォームローラーでももちろんＯＫ。本書ではテニスボールとタオルを使って作る「キャンディローラー」（Ｐ26参照）を使っています。

それぞれのローラーはその形状やかたさによって、アプローチできる場所が少しずつ異なります。私がセッションで使用している突起つきローラーは、凸凹によって圧がかかる場所とかからない場所ができるために、体重をかけながらマッサージのような効果が得られるのが特徴です。そのため、筋肉や筋膜の深い層にまで効いてくれます。

突起の少ないグリッドローラーやフォームローラーは、浅い層で広範囲に効かせられ、安定感があるのでエクササイズを頑張りたい人に向いています。本書で紹介する「キャンディローラー」は、ボールとボールの間の結び目で突起つきの凸凹のように圧がかかる場所とかからない場所をつくって、ほぐし効果を高めていくツール。でも、ボールなので反発力もあり、タオルを巻くので刺激はとてもソフト。運動が苦手な人や強い刺激に弱い人にとても向いています。身の回りにあるものや、自分の状態に合った道具を選んで『ほぐピラ』を始めてみましょう。

筋肉や筋膜の
深い層にまで働きかける

突起つきローラー

こりの
強い人は
こちら

突起の凸凹がマッサージ師の親指のように筋肉や筋膜の奥にまで働きかけ、 こりをほぐします。こりの強い人におすすめ。痛みの強い場合には、タオルをのせて使います。

上・ランブルローラー ショートサイズ スタンダードモデル（紺）¥6450、下・ランブルローラー ミドルサイズ U.S. A. 限定色ピンク スタンダードフォーム¥9240

浅い層の
筋膜にアプローチする

グリッドローラー

浅い層にアプローチしながら広範囲に効かせられます。こりのある場所には小さな凸凹のある面、エクササイズをする場合には平らな面など、目的によっても使い分けが可能。

BLACK ROLL® FLOW30㎝
¥6000

軽いこりが
気になる、
エクササイズが
したい人に

広い面で体を支えて
エクササイズの負荷を変えられる

フォームローラー

エクササイズ
したい人に

凸凹がなく面が平らなので、上に体を預けたまま安定して動くことができます。ローラーの高さを利用することで、エクササイズの負荷を変えることもできます。

BLACK ROLL® MED（ソフト）45 ホワイト&グリーン¥6000
＊問い合わせはすべて
https://fitnesslifeplan.com

手作りローラーで今すぐほぐピラを始めよう

ンディローラーの作り方

本書では、スポーツ用品店やネットショップ、100円均一ショップで売っているテニスボールとタオル、ヘアゴムで作るキャンディローラーを使います。ボールのやわらかな反発と、ボールとボールの間にできる凸凹がほどよい刺激でこりをほぐしてくれる優れもの。本書ではボールを6個使用していますが、2個でも3個でもボールの数もタオルも自分の好みで、オリジナルのほぐピラツールを作ってみましょう。

本書では

長めのフェイスタオル

＋

ボール6個

＋

ヘアゴム7本

を使用

ボールの数やアレンジは自分しだい！

ハンドタオル
＋
ゴルフボール4個で

ハンドタオル
＋
テニスボール2個で

キャ

［準備するもの］

・テニスボール6個
・ヘアゴム7本
・長めのフェイスタオル1枚

1

フェイスタオルを広げ、テニスボールとゴムを等間隔に並べる。

2

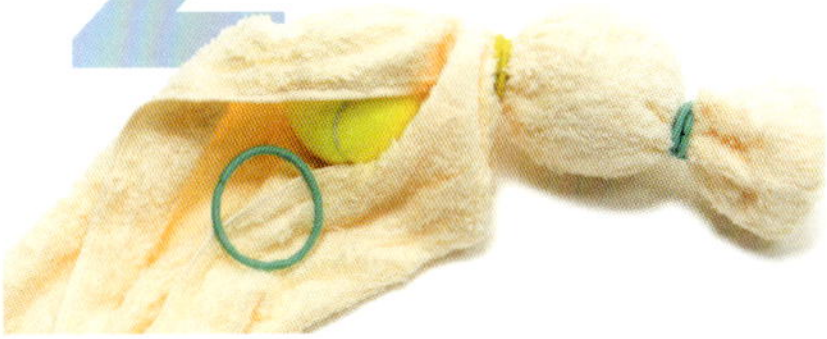

端からボールを1つずつ包んでゴムでしっかりとめる。

＊100円均一ショップのテニスボールはやわらかいものが多いので、刺激を強めたい場合には、スポーツメーカーから出されているものを使用するのがおすすめです。

＼こちらもオススメ!／

広い面をほぐすのに便利!

雑誌ローラー

ラップの芯に雑誌をきつく巻いて、4カ所ほどゴムでしっかりとめる。上からフェイスタオル2枚をきつく巻いてさらに4カ所ゴムでとめて凸凹を作る。バスタオルもおすすめです。

せて

そのまま
ローラーの上にのる

そのままローラーの上に体を預けて、体重をのせながらコロコロと転がします。ポーズによって痛みを感じたら、痛みはガマンせずに、負荷を軽くして行いましょう。

タオルを
はさんでのる

ローラーにそのまま体をのせて痛みを感じたら、ローラーの上にタオルを置いて刺激を弱めましょう。慣れてきたらタオルをはずして、様子を見ながら負荷を調整して。

高さを出して負荷を軽くする
雑誌台&踏み台

雑誌を10冊程度重ねてヒモでしっかり固定し、タオルをかぶせたもの（右）や100円均一ショップの折りたたみ式踏み台（左）を利用しても。

立って行ったり、台を使ったり

体の状態に合わせ負荷を変えよう

同じ場所をほぐすのでも、ローラーの高さや姿勢を変えると、運動強度を変えることができます。イラストではローラーで解説していますが、手作りのキャンディローラーはあたりがソフトなので負荷は軽め。でも動きによって痛みを感じたり、動けない場合には、立ったりローラーの高さを上げて負荷の調節を。

立って行う

同じポーズでも立って行うと、全体重がローラーにのらないので負荷が軽くなります。壁にローラーを押しつけるように体重をのせて、ほぐしましょう。

ほぐピラ
初級者

運動が
苦手
ほぐピラ
初心者

RUMBLE ROLLER

台の上にローラーをセットする

高さ10〜15cmほどの台の上にローラーを置いて、位置を上げると刺激が弱まります。家にある踏み台を利用したり、辞典や雑誌を数冊重ねるなどして台を作りましょう。

低負荷

ポイントをおさえて効率アップ!

ツ・『ピラ』のコツ

『ほぐピラ』では、こりをほぐしながら体を動かすことで、関節の可動域が広がり、日常生活のクセで使いすぎてこりがたまった筋肉はほぐれ、なまけていた筋肉は目覚めて、体が動かしやすくなります。実践前に『ほぐ』と『ピラ』のコツをマスターして、『ほぐピラ』を効率よく体に効かせましょう。

『ほぐ』のコツ

動画で解説

1 ローラーを転がす

こりを感じる場所にローラーをあてたら、ゆっくりとローラーを転がします。無理に体重をかけたり、強い力で転がしたりせず、心地よさを感じながらローラーを転がしましょう。

2 こっていると思うところを探す

転がしながら、かたいな、イタ気持ちいいな、など、体と対話するようなイメージでこっているところを探してみましょう。

3 こりを見つけたら、そのこりを伸ばすようなイメージで体を動かす

こりを見つけたら、こりを伸ばすようなイメージで、体を横に動かしたり、ローラーをタテに動かしたりします。こりが軽くなった、感覚が変わったなど、その変化を感じましょう。また終わったあとにそこをさわって、こりの変化を感じるのもおすすめ。

こりは必ず変化します

この6つのコツを
忘れずに!

『ほぐ』のコ

『ピラ』のコツ

動画で
解説

1 ほぐしたいところを見つけたら、そこに近い関節を動かして、可動域を確認する

ほぐしたいところを見つけたらそこに近い関節を動かすのが『ピラ』。例えば、 わきをほぐしたい場合には、腕や胸の筋肉を使ってひじの関節を動かして、可動域を確認します。

2 動くときに感じる筋肉の活動を意識する

体を動かすときにどこの筋肉が使われているのかに意識を向けます。こりによって動きが悪くなっている筋肉や、その筋肉のかわりに使いすぎている筋肉はどこかな?と感じるのが大事。

3 腕と脚より、連動して動く体の軸に集中する

体を動かすときには、腕と脚だけでなく胴体部分=体幹部分までちゃんと使われているかを感じながら行います。体幹が弱いと動かしている腕と脚だけに意識が向くので注意しましょう。

筋肉の動きに意識を向けて

この本の使い方

『やさしいほぐピラ』は運動が苦手でも、面倒くさがりやさんでも、気持ちいいからラク〜に続けられるエクササイズ。もっとほぐピラの効果を上げる、行い方のコツを紹介します。

時間があるときは5分プログラムを！

ほぐピラは1種類でも、数種類行ってもOK。時間があるときは、部分やせに効果のある5分プログラムを動画を見ながら続けて。

エクササイズの前後にトライ。動かしやすさチェック！

部分やせの最初のページには、やせたい部位にかかわる動かしやすさチェックを紹介しています。エクササイズの前後に行って、その変化を感じましょう。

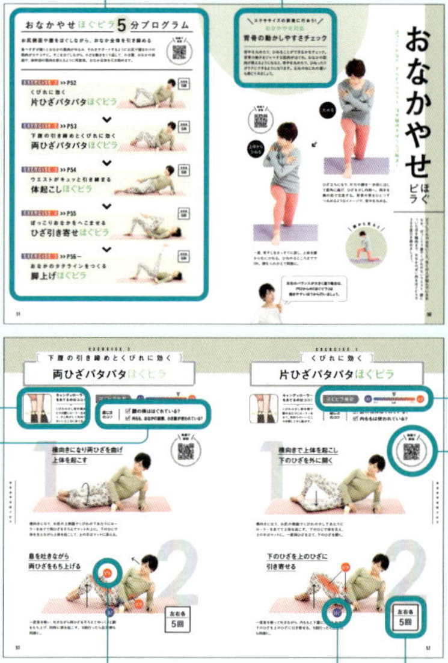

キャンディローラーをあてる場所を確認

キャンディローラーをまずイラストで指示した場所にあてたら、前後左右に体を動かしてみて、イタ気持ちいい場所にとめて体を動かします。

「ほぐす」or「鍛える」どっちが強いかがわかるほぐピラ指数

ほぐ度、ピラ度を指数で表記しています。よりほぐしたい場合はほぐ度の高いほぐピラを、より体を引き締めたい場合はピラ度の高いものをチョイス。

感じ方のコツは、行っているときに正しく動けているかどうかのポイント

ほぐピラを行うときに、正しく動けているか、どこにどんな刺激が入るのかをこのポイントで確認しましょう。

QRコードをスマホで読み込んで動画で確認

QRコードのついたほぐピラは著者による実践動画を確認することができます。動画を見ながら一緒に動いてみましょう。

ピラ

赤いマークがついているあたりの筋肉を動かしていることを感じましょう。

ほぐ

ほぐされている場所が最初はイタ気持ちよく感じ、しばらくほぐすと気持ちいい、そして何も感じなくなる、その変化を感じましょう。

回数はあくまでも目安

もっとやりたければ回数を増やしたり、キツイと感じる場合は回数を減らすなどしてもOK。

エクササイズの選び方

ほぐピラが初めての人やどれを行うか迷ったら

☞ **P36〜**

ほぐピラ準備運動へ

やせたい場所が決まっていたら

☞ **P47〜**

部分やせほぐピラへ

朝と夜を有効に活用したいなら

☞ **P81〜**

朝夜ほぐピラへ

肩こり、肩の痛み、むくみを感じたら

☞ **P93〜**

不調解消ほぐピラへ

イスに座ったままエクササイズをしたいときは

☞ **P109〜**

イスほぐピラへ

一日1つでも、何種類でも自分のペースで行いましょう。気持ちいいという感覚を味わって！

第2章

やせ体質になる
ベースづくり
ほぐピラ準備運動

まずは体の巡りをよくして
やせ体質のベースをつくる、
足と股関節のほぐしと呼吸についてご紹介します。
準備運動でしっかりほぐすと
第３章からのエクササイズの効果がアップ！

3つの準備運動とほぐピラ呼吸で

やせ体質をつくる

おなかがやせたいからおなかだけ、肩こりを軽くしたいから肩だけを動かしていませんか？　悩みのある場所に直接アプローチすると、一時的には改善したように思えるかもしれませんが、その効果は長続きしないことがほとんど。根本から体を変えたいと思ったら、準備運動の段階からやせ体質のベースづくりをすることが重要です。

準備運動をするのは、足、股関節、首&後頭部。この３つのポイントは、立ったり座ったり、姿勢を保持する日常生活の中で一番影響を受けやすく、筋肉や筋膜がかたくなりやすい場所。そして、ここの動きが悪くなると全身の動きまで悪くなります。なぜ離れた場所まで動きが悪くなるのでしょうか？　その大きな理由は筋膜の構造にあります。

少し難しいのですが、全身の筋肉、骨、臓器、血管など、すべての組織は筋膜という膜に包まれてつながっています。どこかでその筋膜の一部がよれてからまると、筋膜のすべりが悪くなり、全身の筋膜が引っぱられて、違う場所の動きが悪くなったり、不調が起きたりするのです。ほぐピラで、その筋膜のよれをとりながら、かたい筋肉をほぐすと、問題のある場所だけでなく、筋膜でつながった全身をスムーズに動かすことができるようになります。ほぐピラが目指すのは、全身が滞りなくつながって、スムーズに動く体。そして、そんな体こそがやせ体質への近道なのです。そのためには準備運動で筋肉や筋膜がかたくなりやすい足、股関節、首&後頭部の３つのポイントをほぐすことが大事。ここをほぐすと、体が動きやすい、肩が軽いなど、昨日とは違う体の変化を実感できると思います。

準備運動 1

足ほぐピラ

なぜやるの?

筋力が衰えると重力に負けて姿勢が悪くなります。その影響を受けるのが足裏です。また足の甲は美脚づくりの重要ポイント。足をほぐすと冷えやむくみがとれ、立ったときの感覚も変わります。足裏、足の甲はぜひセットで行って!

エクササイズの前後で変化をCHECK

- ✓ 足をさわったとき、かたさやこり、むくみを感じる?
- ✓ 足の指を動かして、動きやすさはどうですか?
- ✓ 足の指や足は温かくなった?

足裏 ほぐピラ

ほぐピラ指数 ほぐ 100% half 100% ピラ

動画で解説

足指のつけ根からかかとへ足裏をまんべんなくほぐす

ローラーの上に親指のつけ根をのせて押しつけ、指でローラーをキャッチする。親指のつけ根からかかとに向かって、足裏の内側面を5回ほぐす。同様に中指からかかと、小指からかかとを各5回ほぐす。「押す」だけでなく、「引く」も意識を！

3カ所各 5回

3ラインをほぐす

① 親指からかかと
② 中指からかかと
③ 小指からかかと

指は伸ばしながら行う

足の甲 ほぐピラ

ほぐピラ指数 ほぐ 100% half 100% ピラ

動画で解説

左右各 5回

1

よつんばいになり足の甲をローラーにあてる

よつんばいになり、片側の足の甲の指のつけ根をローラーに押しあてて、そこに体重をのせる。

2

指のつけ根から足首まで足の甲をほぐす

足の甲にローラーを押しあてたまま、指のつけ根からすねの真ん中あたりまで、ローラーを転がしながら足の甲を5回ほぐす。ローラーがあたる位置をずらしながら、かたい部分があれば念入りに。足の甲をほぐしながら、足の指を曲げ、足裏に力が入ることを感じよう。

すねの真ん中くらいまで動かす

ここをほぐす

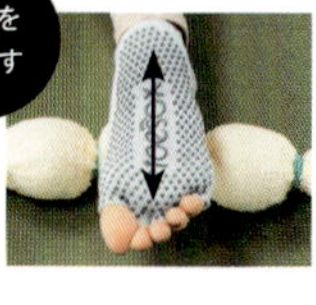

足の甲にまんべんなくあてる

準備運動 2

股関節ほぐピラ

なぜやるの？

骨盤と太ももの骨をつなぐのが股関節。
座りっぱなしの生活で、このまわりの筋肉がかたくなることで脚の形が悪くなります。
ここをほぐすと股関節がスムーズに動くようになり美脚に。

エクササイズの前後で変化をＣＨＥＣＫ

- ✓ 股関節を回して、軽さを感じますか？
- ✓ 脚のむくみが軽くなっていますか？
- ✓ 脚がポカポカと温かくなっていますか？

下腹部 ほぐピラ

ほぐピラ指数　ほぐ　100%　half　100%　ピラ

動画で解説

股関節に「く」の字であてる

左右の股関節にローラーがあたるように、太もものVラインに沿って「く」の字にあてる。

体を前後に動かして股関節まわりをほぐす

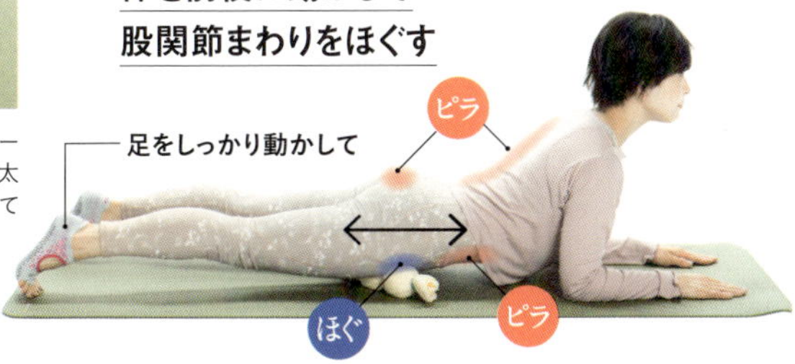

足をしっかり動かして
ピラ
ほぐ
ピラ

10回

太もものつけ根に沿って「く」の字にローラーをあてるようにうつぶせになる。つま先を立てて、両方のひじから下を床について体を支える。体を前後に10回動かして、股関節まわりの筋肉をほぐす。はじめは小さく、徐々に大きく動かすのがコツ。そけい部のつまりがとれて、お尻がキュッとしまる感じを。

ひざ下ワイパー ほぐピラ

ほぐピラ指数　ほぐ　100%　half　100%　ピラ

動画で解説

片方のひざを曲げて左右にゆらす

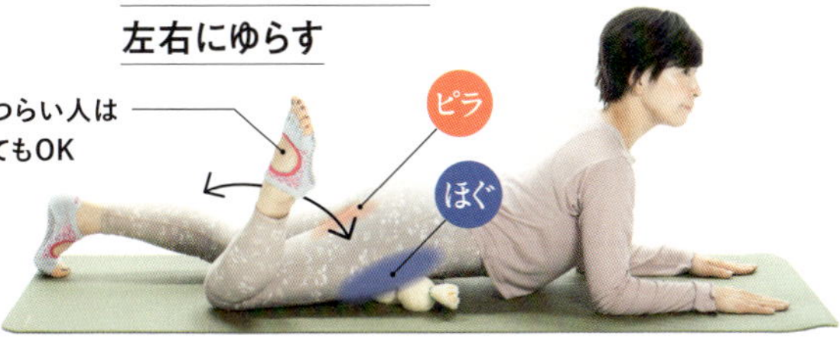

伸ばすのがつらい人は
足首を曲げてもOK
ピラ
ほぐ

左右各 5回

太もものつけ根に沿うように、「く」の字にローラーをあてて、うつぶせになる。両方のひじから下で体を支えながら上体を起こし、片ひざを曲げて、左右に5回ゆらす。反対側も同様に。スムーズに股関節が内・外と動くほうへ意識を向ける。

片側ヒップリフト ほぐピラ

ほぐピラ指数　ほぐ　100%　half　100%　ピラ

動画で解説

ひざを曲げたほうのお尻を上げ下げ

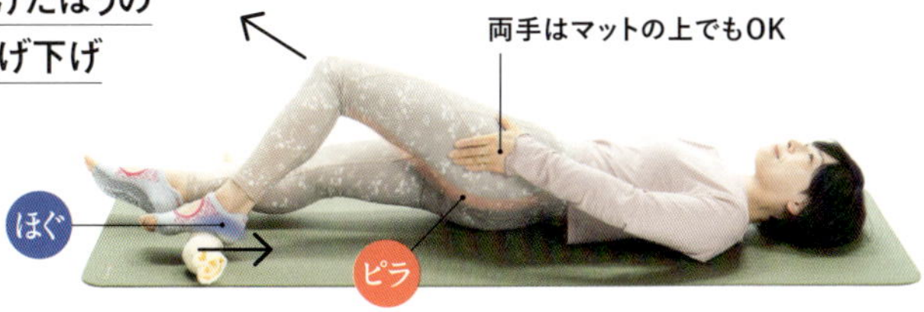

両手はマットの上でもOK
ほぐ
ピラ

左右各 5回

あおむけになり、片方のひざを曲げたら足裏をローラーにのせ、反対の脚は伸ばす。曲げた脚の股関節を開いたり、閉じたりして股関節まわりで力みのない場所を探す。そこで脚を止め、股関節を突き出すようにお尻を5回上げる。反対側も同様に。太ももの骨を股関節のポケットから引き出すイメージで。

準備運動

3 首&後頭部ほぐピラ

なぜやるの？

今やスマホやパソコンは生活の一部。目を酷使する生活で、首と頭のつけ根部分の関節はこりかたまっている状態。ここをほぐすと視界が開き、肩こり、首こりなど上半身の不調がラクに！ 顔色もよくなります。

後頭部から肩までで気持ちいいところにあてる

キャンディローラーの2個分だけ使ってもOK

頭の後ろを転がして、気持ちいいと感じる場所にあてる。

えり足のあたりで、首のつけ根と後頭部の境目にあてる。

首と肩の境目、肩のつけ根で気持ちいいと感じる場所にあてる。

エクササイズの前後で変化をCHECK

- ✔ 視界が広がり、明るくなりましたか？
- ✔ 首を回しやすくなりましたか？
- ✔ 頭の張りや重さはとれましたか？

うなずき ほぐピラ

ほぐピラ指数 ほぐ 100% half 100% ピラ

動画で解説

鼻から動かすように小さく「いやいや、うんうん」

頭の後ろにローラーをあて、鼻を左右に動かすように、小さい動きから徐々に大きくいやいやと左右に5回振る。次に鼻を上下に動かすように5回うなずく。ローラーをあてる位置をぼんのくぼ＝首のつけ根より少し上に動かして、同様に。

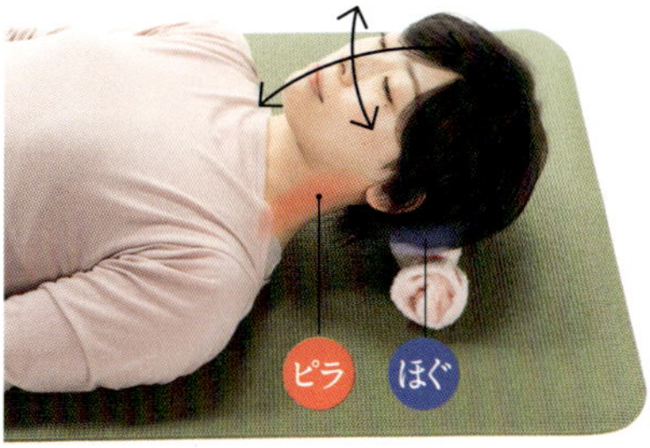

左右上下
各5回

目 ほぐピラ

ほぐピラ指数 ほぐ 100% half 100% ピラ

動画で解説

上下左右
各3往復

あおむけになり、頭の後ろでローラーを転がして気持ちのいい場所にあてる。両ひざを立てて、両手の立てた親指を見るように目だけを動かす。見ている指がぶれてしまうエリアは何度かくり返して。

[左右に動かす]

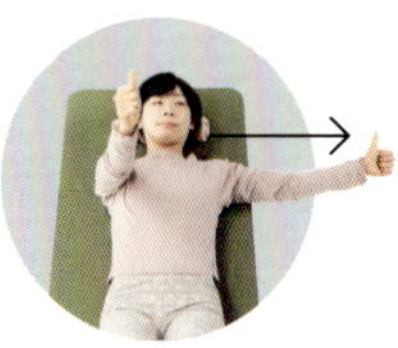

次に親指を立てた左腕を左に開き、頭を動かさないように両目で親指を追う。左右交互に3回を目安に両目を動かす。

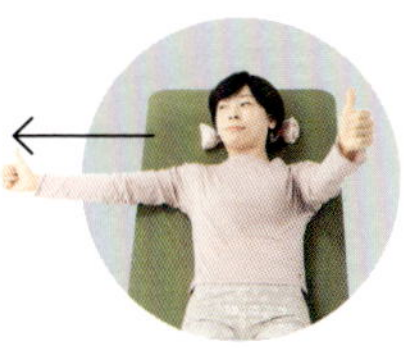

親指を立てて、両腕を天井のほうに上げる。右腕を右に開きながら、立てた親指が見えなくなるまで両目で追う。

[上下に動かす]

次に左腕を下に下ろしながら、立てた親指を目で追うように、両目を下に動かす。上下交互に両目を3回動かす。

右腕を頭上に動かし、立てた親指を目で追うように、頭を動かさずに両目を上に動かす。

今の呼吸を感じて心と体を整える

ほぐピラ呼吸

私たちは今、この瞬間も呼吸をしています。呼吸は深いほうがいいと思うかもしれませんが、深くても浅くても、呼吸をしていれば体内で代謝が行われています。ですから、呼吸の深さよりも、今の自分の呼吸を感じることが心と体を整える第一歩なのです。

そして、今の呼吸を感じることができたら、その状態よりもっと空気を取り込める体を意識してみましょう。大きく空気を吸ったときに背中までふくらみますか？　胸の前や横が広がるのは意識できても、背中にまで空気を入れることができない人が多いのです。背中のふくらみが感じられないのは、肋骨まわりの筋肉がかたいことが原因。そこで呼吸をしてもわき、胸、背中が広がらないと感じたら、わきや胸をほぐしましょう。

また、それでも呼吸が浅いなら、好きな香りをたいて呼吸の練習。好きな香りをスーッと鼻からかぐように、自然にたくさんの息を吸うことができるようになります。

たくさん息を吸うための

肋骨ほぐし

1

ローラーを胸の側面にあて
上体を外側に開く

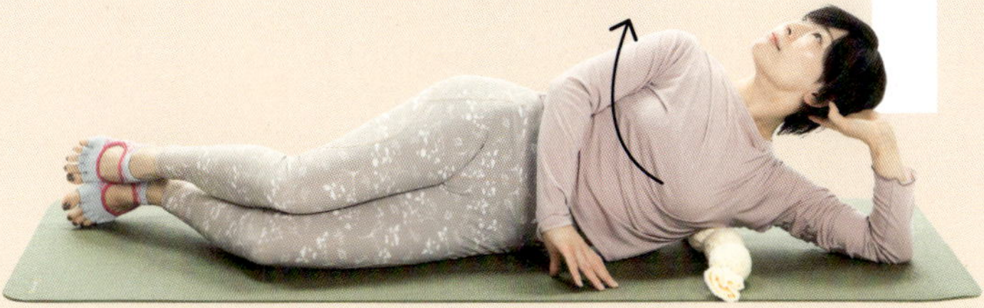

ローラーを胸の側面にあてて横向きになる。両ひざは軽く曲げ、下の腕のひじを床について手で頭を支え、反対の手は床へ。ゆっくりと上体を外側に開く。

2

上体を内側にひねって
胸の側面をほぐす

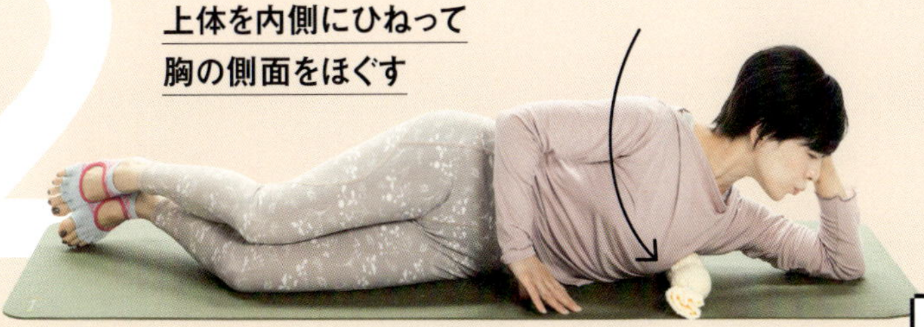

左右各
5回

胸の側面をローラーに押しあてながら、上体を内側にひねって胸の側面を中心にほぐす。1と2を5回くり返す。反対側も同様に。

胸上ほぐし

ローラーを転がして
胸の上をほぐす

ローラーを左の鎖骨の下にタテにあてる。そのままローラーを左右に5回動かして、左胸の上をほぐす。反対側も同様に。

左右各
5回

バスタオルを胸に巻いて今の呼吸をチェック。
胸、わき、背中がふくらむのを感じながら呼吸を練習。徐々に肋骨が大きく動くように。

バスタオルを胸に巻き 両端を手で持つ

肋骨を360度おおうように、3つ折りにした長めのバスタオルをぐるりと胸に巻き、手でタオルの両端を持って息を吸う。タオルが両サイドに引っぱられるのを感じて。

肋骨を閉じるように 口から息を吐く

肋骨を閉じるようなイメージで、口から息を全部吐き出す。肋骨が閉じるほど、バスタオルが重なった部分の面積が増えるのを感じて。吸う吐くを3〜4回練習。

ほぐピラ4つの呼吸法

息を吐くのは、細く長くでも、一気に強くでも、鼻からでも口からでも何でもOK。いろいろ試して今の体や心の状態にピッタリ合うものを探してみましょう。

「は〜」

強く長く息を吐けない人は 口から大きく息を吐き出す

強く長く息を吐けない人は、横隔膜がかたくなって、吐きたいのに吐けない状態。その場合は、口から「は〜」と強めに息を吐き出して、吐く力を強めます。

HOW TO

ほぐピラ呼吸

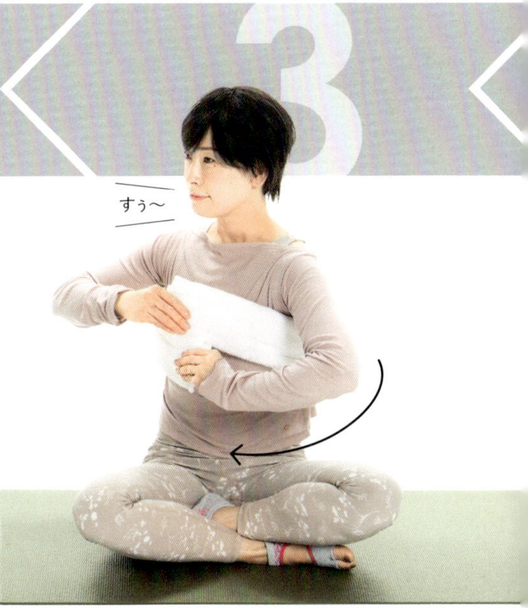

体を右にひねって息を吸う

バスタオルを胸に巻いたまま、体を右にひねって、息を吸う。骨盤は正面に向け、上体だけをひねるのがポイント。

上体をひねったまま肋骨を閉じるように息を吐く

ひねった状態のまま肋骨を閉じるようなイメージで息を吐く。3〜4回ゆっくりとくり返したら、反対側も同様に。

「はぁ〜」

息を吐き出せないときは大きな声を出して吐く

横隔膜や肋骨がかたかったり、ストレスが強くて息を吐けなくなっているときは、「はぁ〜」と大きな声を出しながら息を吐き出しましょう。

「は〜ほ〜」

緊張やストレスが重なったら胸椎をほぐす呼吸を

緊張やストレスが重なると交感神経が働き続け、ブラのホックのあたりの背骨の部分=胸椎がカチコチ。「は」と「ほ」の間の呼吸で息を吐くとここがほぐれます。

「ふ〜」

肋骨が前に出ていたら鼻から細く長く吐く

肋骨が前に出ていたり、肋骨まわりがかたいと感じる人は、鼻から「ふ〜」と細く長く吐いて、横隔膜を徐々に動かします。副交感神経が働いてリラックス効果も。

column

やせ体質になるには睡眠が不可欠!

眠れない人は『ほぐ』から始めて眠れる体づくりを

おうち時間が増えて、体を動かす機会が極端に減ることで以前に比べて筋力が落ちたと感じている人が増えています。そんなときこそ、『ほぐピラ』の『ピラ』を大切にしてほしいのです。『ほぐピラ』を始めるとこりをほぐすのが気持ちよくて、つい『ほぐ』ばかりに集中してしまいがち。でもほぐしばかりに集中してしまうと、弱い筋力は使えないままなので、引き締まった体にはなりません。そこで基本的には『ほぐ』と『ピラ』はセットで行ってください。

ただし、眠れない場合は『ほぐ』から始めたほうがより効果が出る場合が少なくありません。睡眠に問題のある多くの人は自律神経の中でも昼間働いて活動を促す交感神経が活性化している状態。真面目で頑張りやさんほど、このような悩みをかかえています。でも残念ながら、交感神経を副交感神経へとスムーズにスイッチできなければ美しくやせることはできないのです。いくら食事や運動に気をつかっても、眠ることができなければ体は変わりません。交感神経が優位で睡眠の浅い人は、慢性的な肩こりや首こりをかかえている場合がほとんど。こんな人はまず『ほぐ』でこりをとって体をいたわってあげましょう。

睡眠こそ美ボディをつくる大切な要素。睡眠は美人をつくる時間だと心して、眠れない人は寝る前の『ほぐ』を習慣にしてみてくださいね。

第3章

引き締めたいところをねらいうち！部分やせほぐピラ

おなか、二の腕、お尻……、
自分の気になる部分から『ほぐピラ』にトライ！
『ほぐピラ』の前後に可動域チェックをして
体の変化を感じましょう。
その変化は毎日違いますが、
動きづらいところが減ってくると、
ボディラインがどんどん変わってきます。

偏った体の使い方を正せば気になる部分が引き締まってくる

本来、人間の機能からいうと部分やせはありえません。脂肪は都合よく移動するものではないので、食事に気をつけながら体脂肪を落とすことでやせていきます。そのとき、おなかだけ、脚だけというように、自分が落としたい場所だけがやせるのではなく、全身の脂肪がバランスよく落ちていくのが体のメカニズムなのです。

でも、体重は変わっていないのに、以前に比べて「二の腕が太い」「おなかがたるんで太くなった」「胸が小さくなったのはなぜ?」と感じる人は少なくありません。これは体重とは関係がなく、長い時間を過ごす日常生活で、偏った体の使い方を続けていることが原因です。

例えば、パソコンやスマホを使う時間の長い人は、本来反って動くはずの背中がずっとねこ背状態で丸まったままですよね。この丸まった姿勢では体の前側にある腹筋

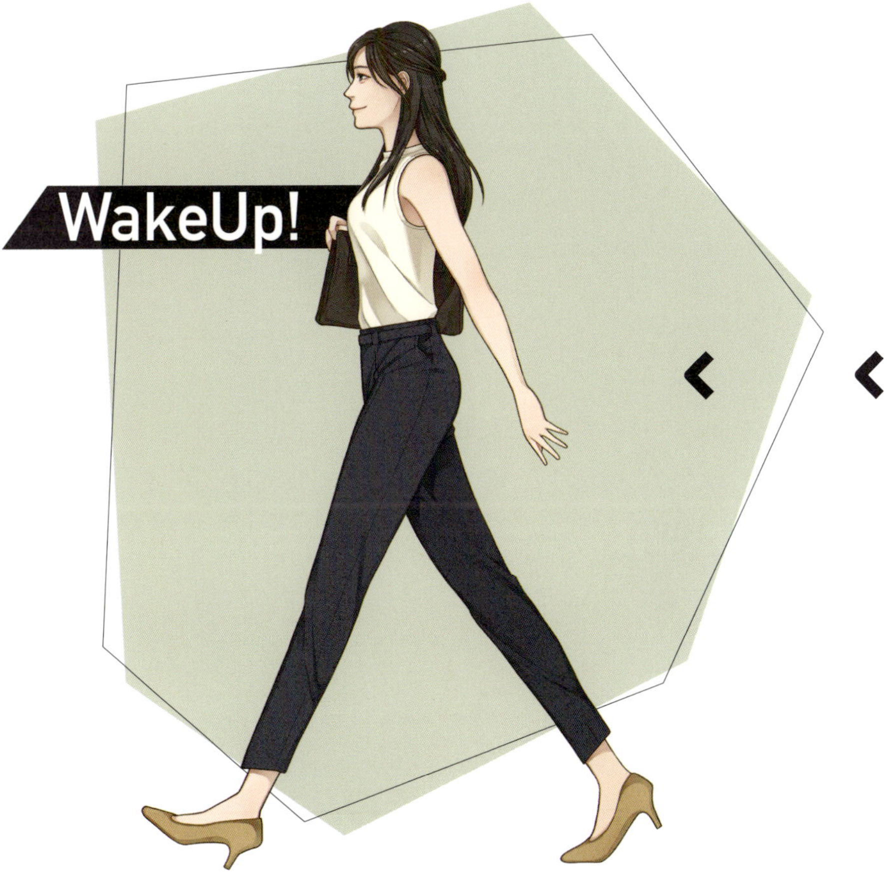

が使われずにおなかがぽっこりと出てきます。また、腹筋が弱くなった分、肩や腰の筋肉を使って動くパターンが身について、首が短くなったり肩がごつく見えるようになったりします。このように現在の体はあなたの生活様式のパターンでつくられたものなのです。

やせたいと感じるところは、筋肉を偏って使っているサイン。ある筋肉は使いすぎてこりがたまって盛り上がり、一方で、ある筋肉はなまけたまま動かし方を忘れているかもしれません。部分やせほぐピラで紹介するのは、そんな使いすぎた筋肉のこりをほぐしながら、なまけた筋肉を動かして、筋肉のバランスを整えるエクササイズ。もともとなかったところについた不自然な盛り上がりやくずれたラインを、ほぐしながら動かすことでこりを取り除いて、全身バランスのいいメリハリのあるボディラインをつくります。

おなかやせ ほぐピラ

ぽっこりおなか、ずんどうウエスト、浮き輪肉をぜ〜んぶ解決!

どうしてもやせない!と、多くの人が悩んでいるおなか。ぽっこり下腹やくびれのないウエスト、腰についた浮き輪肉まで、おなかのぜい肉をほぐピラで360度引き締めましょう。

＼エクササイズの前後に行おう!／

おなかやせ対応

背骨の動かしやすさチェック

背中を丸めたり、ひねることができるかをチェック。背骨の動きをジャマする筋肉がほぐれ、おなかの筋肉が使えるようになると、背中を丸めたり、ひねったりがラクにできるようになります。左右のねじれの違いも感じてみましょう。

動画で解説

丸める

ひざ立ちになり、片方の脚を一歩前に出して直角に曲げ、ひざを少し内側へ。両手を胸の前で交差する。背骨の骨をひとつずつ丸めるようなイメージで、背中を丸める。

上体からひねる

一度、背すじをまっすぐに戻し、上体を腰から右にひねる。ひねれるところまででOK。脚を入れかえて同様に。

＼横から見ると／

左右のバランスが大きく違う場合は、
P52からの『ほぐピラ』は
動きやすいほうから行いましょう。

おなかやせほぐピラ5分プログラム

お尻側面や腰をほぐしながら、おなか全体を引き締める

＼動画で解説／

食べすぎが続くとおなかの筋肉がゆるみ、それをサポートするようにお尻や腰まわりの筋肉がカチコチに。そこをほぐしながら、小さな動きをくり返して、わき腹、おなかの前面や、体幹部の筋肉を使えるように再教育。おなか全体を引き締めます。

EXERCISE 1 >> P52

くびれに効く

片ひざパタパタほぐピラ

左右各 5回

EXERCISE 2 >> P53

下腹の引き締めとくびれに効く

両ひざパタパタほぐピラ

左右各 5回

EXERCISE 3 >> P54

ウエストがキュッと引き締まる

体起こしほぐピラ

左右各 5回

EXERCISE 4 >> P55

ぽっこりおなかをへこませる

ひざ引き寄せほぐピラ

左右各 5回

EXERCISE 5 >> P56～

おなかのタテラインをつくる

脚上げほぐピラ

左右各 5回

EXERCISE 1

[くびれに効く]

片ひざパタパタほぐピラ

キャンディローラーをあてるのはココ！

くびれの少し背中側で腰のあたりにローラーをあて、気持ちのいいところを探して少し転がす。

ほぐピラ指数

ほぐ 100% — half — 100% ピラ

感じ方のコツ

- ☑ 腰の横はほぐれている？
- ☑ 内ももは使われている？

動画で解説

1 横向きで上体を起こし下のひざを外に開く

横向きになり、お尻の側面でくびれの少し下あたりにローラーをあてて上体を起こす。下のひじで体を支え、上の手はマットに。一度両ひざを立て、下のひざを開く。

2 下のひざを上のひざに引き寄せる

一度息を吸って吐きながら、内ももと下腹に力を入れて、下のひざを上のひざに引き寄せる。5回行ったら反対側も同様に。

左右各 5回

EXERCISE 2

［下腹の引き締めとくびれに効く］

両ひざパタパタほぐピラ

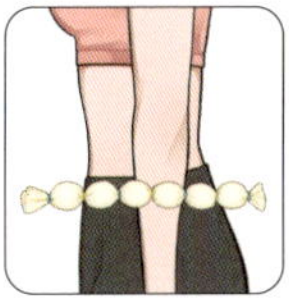

キャンディローラーをあてるのはココ！

くびれの少し背中側あたりの腰にローラーをあて、少し転がして気持ちのいいところにあてる。

ほぐピラ指数

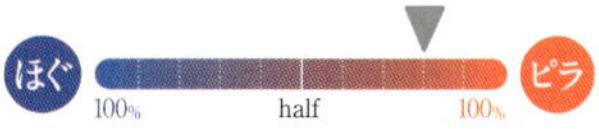

感じ方のコツ

- ☑ 腰の横はほぐれている?
- ☑ 内もも、おなかの前側、わき腹が使われている?

動画で解説

1 横向きになり両ひざを曲げ上体を起こす

横向きになり、お尻の上側面でくびれの下あたりにローラーをあてて両ひざをそろえてマットの上に。下のひじで体を支えながら上体を起こして、上の手はマットに添える。

2 息を吐きながら両ひざをもち上げる

一度息を吸い、吐きながら両ひざをそろえてゆっくりと脚をもち上げ、同時に頭を起こす。5回行ったら反対側も同様に。

左右各 5回

EXERCISE 3

ウエストがキュッと引き締まる

体起こしほぐピラ

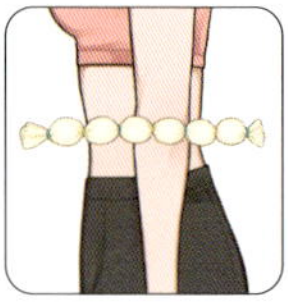

キャンディローラーをあてるのはココ！

わき腹でくびれができるあたりにローラーをあて、転がして気持ちいい場所を探す。

ほぐピラ指数

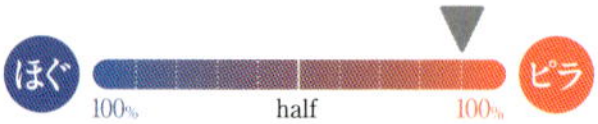
ほぐ
100%
half
100%
ピラ

感じ方のコツ

- ☑ 腰の横がほぐれている?
- ☑ 上側のわき腹は使われている?

動画で解説

1 横向きで上のひざを曲げ上体を起こす

横向きになりわき腹にローラーをあてる。上の脚のひざを曲げて伸ばした下の脚のひざの上にのせ、上の脚のひざと足首を曲げて脚を内側に倒す。下のひじで体を支えて上体を起こし、上の腕は内側にひねって伸ばす。この体勢がキツイ人は、手で頭を支えても。

2 上のわき腹を縮めるように上体を起こす

ピラ
余裕のある人は
手の下を浮かす
ほぐ

下の手で床を押し、一度息を吸って吐きながら、上のわき腹を縮めるように上体を起こす。ゆっくりと元に戻し、5回行ったら反対側も同様に。

左右各 5回

EXERCISE 4

ぽっこりおなかをへこませる

ひざ引き寄せほぐピラ

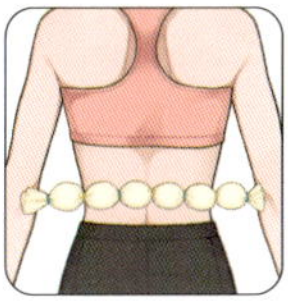

キャンディローラーをあてるのはココ！

腰にローラーをあてて、少し転がす。気持ちいいところを探して、そこにあてる。

ほぐピラ指数

ほぐ 100% half 100% ピラ

感じ方のコツ

- 腰のかたいところはほぐれている?
- 上げた脚側のおなかの奥が使われている?

動画で解説

1 あおむけになり、左ひざを深く曲げて上げる

腰にローラーをあててあおむけになり、両ひざを立てたら、腰まわりでローラーを転がして、かたい部分でとめる。その場所で股関節が曲がるようにひざを深く曲げたら、右手は左の股関節の上へ、左手は左のお尻に添える。

2 骨盤から動かすように左ひざを胸に引き寄せる

骨盤から脚を動かすようにしながら、左ひざをゆっくりと胸に引き寄せる。ひざの引き寄せをゆっくりと5回行ったら、反対側も同様に。おなかとお尻に添えた手で、筋肉がちゃんと使われているかを確認。

左右各 5回

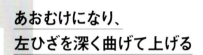

おなかのタテラインをつくる

脚上げほぐピラ

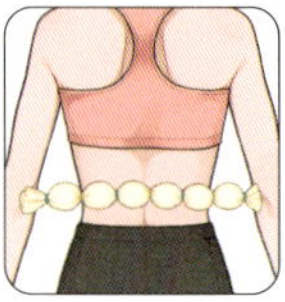

キャンディローラーをあてるのはココ！

腰にローラーをあてて、少し転がす。気持ちいいところを探して、そこにあてる。

ほぐピラ指数

ほぐ 100% ― half ― 100% ピラ

感じ方のコツ

- ☑ 腰のかたいところがほぐれている？
- ☑ 上げた脚の前ももとおなかの前面が使われている？

動画で解説

1

あおむけになりひざを立て、片脚を上げる

あおむけになり腰にローラーをあて、両ひざを立てる。片脚はひざを伸ばして天井に向けて上げ、ひざを少し内側に向け、かかとを突き出す。両腕は体の横に添える。

2 太ももを胸のほうに近づける

左右各 5回

おなかを縮めるようにして、息を吐きながらゆっくりと太ももを胸のほうに近づける。脚をゆっくりと下ろし、床につく前に上げて再び胸に近づける。5回くり返す。反対側も同様に。太ももの前側がツラい人は、ひざを曲げて行ってもOK。

more EXERCISE

もっとできる人は頭を上げて

POINT

首ばかり使う人は、両腕を天井にもち上げてクロスし、胸の筋肉も使いながら上体を起こしましょう。

2の動作がラクにできる人は、脚を胸に近づけるのと同時に頭を床からもち上げて。よりおなかが縮まって、おなかの筋肉を鍛えることができる。

脚やせ

ほぐピラ

［脚の形を整えながらむくみケアも］

脚が太くなる原因のひとつは筋肉のアンバランスな使われ方。日常生活の負荷でかたくなりがちな脚やお尻の側面をほぐしながら体幹の筋肉を鍛えて、筋力バランスを整えながら美脚に。

＼エクササイズの前後に行おう！／

脚やせ対応

股関節の動かしやすさチェック

股関節まわりの筋肉がかたいと、血流が悪くなり下半身のむくみの原因に。重心も悪くなり、偏った場所に負荷がかかって脚が太くなります。脚やせには股関節まわりの柔軟性が必須。エクササイズの前後で股関節まわりの筋肉の柔軟性の変化を感じましょう。

＼動画で解説／

横向きになりひじを曲げた腕枕の上に頭をのせる。下のひざを曲げて、安定する場所に置く。上の脚は足首とひざを曲げて、股関節を大きく円を描くようにゆっくりと外回しに3回、回す。次に内回しも3回。反対側も同様に。

内回し、外回し、どちらが回しやすい？
回したときにひっかかりがないかを
感じましょう。

脚やせほぐピラ5分プログラム

座りっぱなしの生活は、太ももの前側や外側が張り、腹筋がゆるみやすくなります。脚やせプログラムでは、かたく張った部分をほぐしながら、ゆるんだ腹筋を目覚めさせて、筋力バランスをアップ。ゆがみのない美脚を目指しましょう。

動画で解説

EXERCISE 1 >> P60

5回

前ももの張りをとる
前ももコロコロほぐピラ

EXERCISE 2 >> P61

5回

前ももスッキリ
おなかアップほぐピラ

EXERCISE 3 >> P62

左右各5回

まっすぐ美脚に
わき腹リフトほぐピラ

EXERCISE 4 >> P63

左右各5回

ふくらはぎを細くする
斜め脚上げほぐピラ

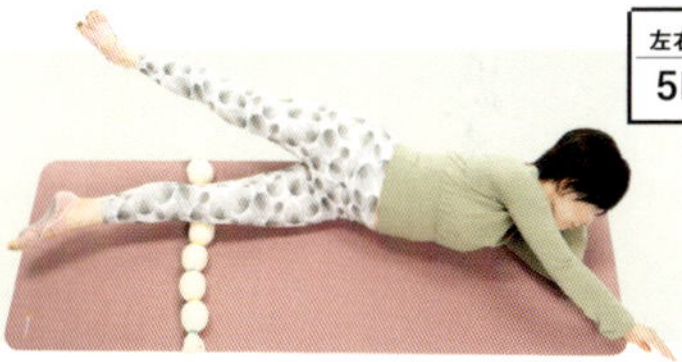

EXERCISE 5 >> P64

左右各5回

腰から太ももを美しく
内また開閉ほぐピラ

EXERCISE 6 >> P65

各5回

ヒップの境目をくっきりと
お尻上げほぐピラ

EXERCISE 1

[前ももの張りをとる]

前ももコロコロほぐピラ

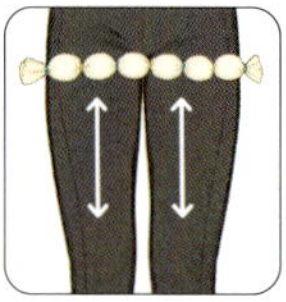

キャンディローラーをあてるのはココ！

太もものつけ根にローラーをあてる。前ももの中央まで転がし、かたい部分をほぐす。

ほぐピラ指数　ほぐ 100%　half　100% ピラ

感じ方のコツ

- ☑ 太ももの前はほぐれている？
- ☑ おなかの筋肉を使いながら動けている？

動画で解説

1 うつぶせになりつま先を立て、両ひじで体を支える

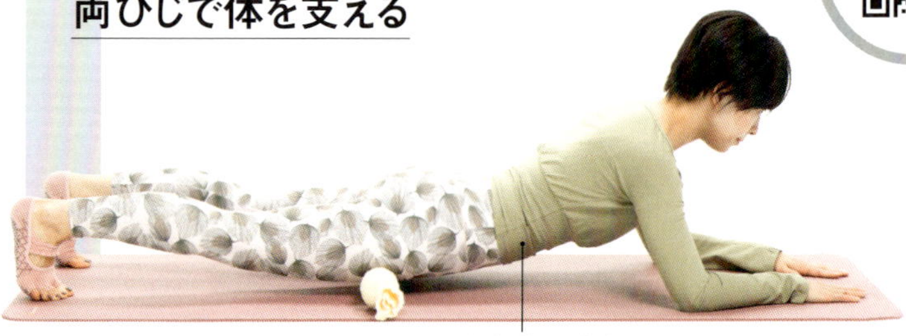

太もものつけ根にローラーをあてるようにうつぶせになり、つま先を立てる。両方のひじから下を床について、体を支える。

2 前もものかたい部分をローラーを転がしてほぐす

5回

おなかを引き締めたままつま先を立てた状態で体をゆっくりと前後に動かすのに合わせてローラーを動かす。前もものかたい部分を5回転がしながらほぐす。

EXERCISE 2

[前ももスッキリ]

おなかアップほぐピラ

キャンディローラーをあてるのはココ！

太ももの前側で、太ももの半分より下のあたりで気持ちいいところにローラーをあてる。

ほぐピラ指数

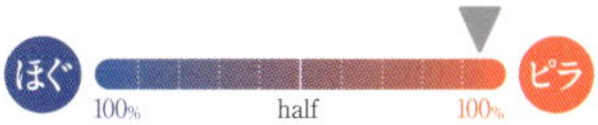

ほぐ
100%
half
100%
ピラ

感じ方のコツ

- ☑ 太ももの前はほぐれている?
- ☑ 胸とおなかは使われている?

動画で解説

1 ローラーを前ももにあててうつぶせになる

腰がつらい人はおなかの下にクッションを敷いて
ひざを床につけてもOK

太ももの前側にローラーがあたるようにうつぶせになり、両ひざをそろえて曲げる。両手を顔の下に重ねて、ひじで体を支える。

2 背中はまっすぐのままおなかを床からもち上げる

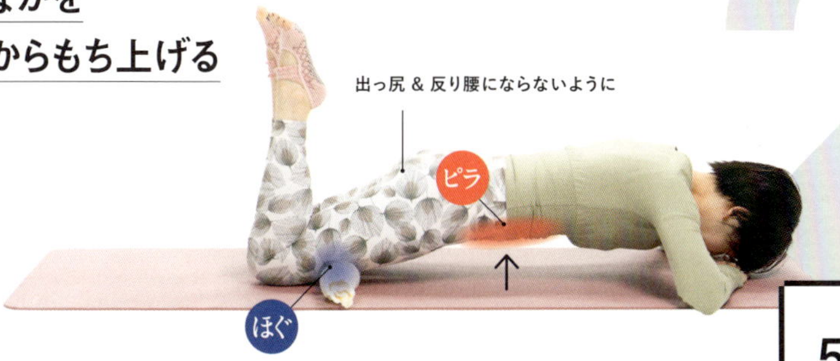

出っ尻 & 反り腰にならないように
ピラ
ほぐ

5回

お尻から肩までのラインが一直線になるようにキープしたまま、おなかを床からゆっくりともち上げる。おなかを下ろす、もち上げる、を5回くり返す。

POINT

難しい人はおなかか胸の下に雑誌などを置いて行いましょう。

EXERCISE 3

まっすぐ美脚に

わき腹リフトほぐピラ

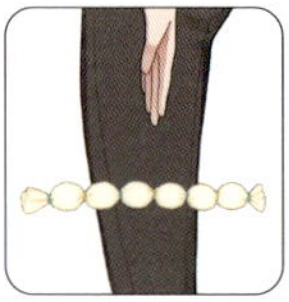

キャンディローラーをあてるのはココ！

横向きになり、太ももの側面にローラーをあて、少し転がして気持ちいいところでキープ。

ほぐピラ指数　ほぐ 100%　half　100% ピラ

感じ方のコツ

- ☑ 太ももの横はほぐれている？
- ☑ わき腹は使われている？

動画で解説

1 横向きで下の脚を伸ばし上の脚はひざを曲げる

曲げた脚の足の裏またはつま先を床に

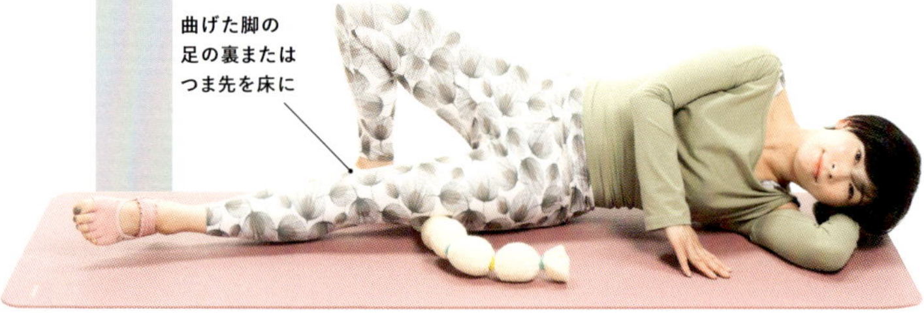

下の脚を伸ばして、太ももの側面にローラーをあてて、横向きになる。反対の脚はひざを曲げて伸ばした脚の後ろにつける。下の腕はひじを曲げて枕に、上の腕は指先を床に。

2 ゆっくりとわき腹を床から浮かせる

床から浮かなくても浮かせようとする意識だけで大丈夫

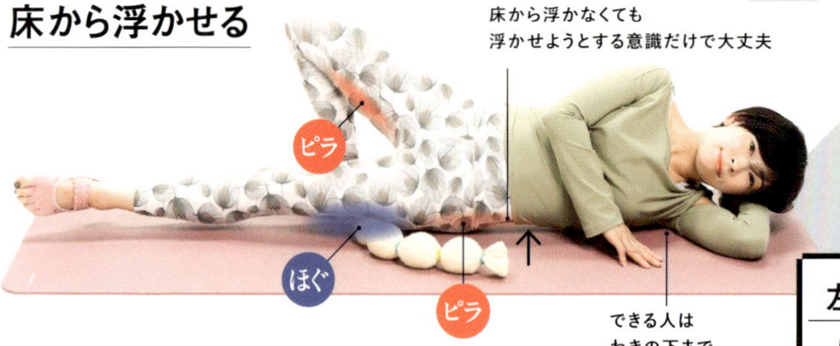

できる人はわきの下まで上げましょう

左右各
5回

息を吐きながらゆっくりとわき腹を床から浮かせ、ゆっくりとわき腹を床に下ろす。この動きを5回くり返したら、反対側も同様に。肩に力が入らないように気をつけて。

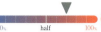

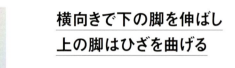

EXERCISE 4

［ふくらはぎを細くする］
斜め脚上げほぐピラ

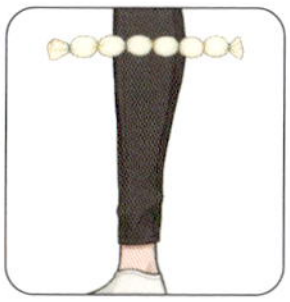

キャンディローラーをあてるのはココ！

横向きになり、ふくらはぎの外側の側面で、転がして気持ちいいところにあてる。

ほぐピラ指数　ほぐ　100%　half　100%　ピラ

感じ方のコツ
- ☑ おなかは使われている？
- ☑ 上げた脚のお尻の横は使われている？

動画で解説

1 横向きになり体をくの字に丸める

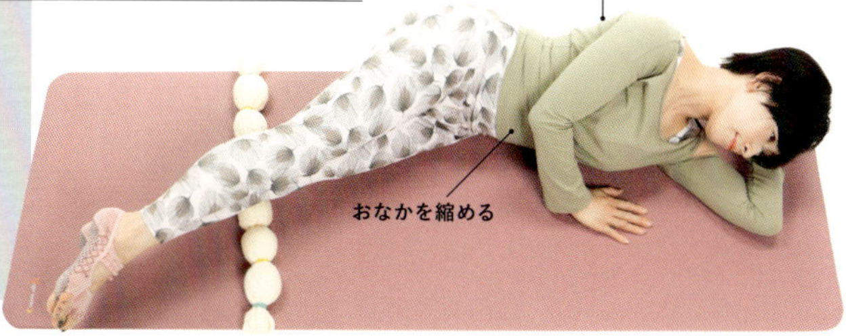
背中を少し丸める
おなかを縮める

横向きになり、下の脚のふくらはぎの外側側面にローラーをあて、体をくの字に丸める。下の腕のひじを曲げて枕に、上の手を床について体を支える。

2 上の脚と手を対角線上に斜めに上げて伸ばす

ピラ
ほぐ
ふらつく人は
手は伸ばさなくてもOK

左右各 5回

脚を外に回し、息を吐きながら上の手と上の脚を斜めに引っぱり合うように、脚と腕を対角線上に伸ばす。一度元の位置に戻し、5回くり返したら、反対側も同様に。

EXERCISE 5

[腰から太ももを美しく]

内また開閉ほぐピラ

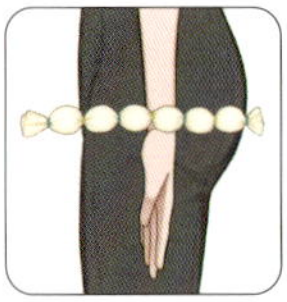

キャンディローラーをあてるのはココ！

お尻の側面でもたつきやすい部分にローラーをあてる。少し転がして、気持ちいいところにあててキープ。

ほぐピラ指数

ほぐ 100% — half — 100% ピラ

感じ方のコツ

- ☑ おなかと内ももは引き締まっている？
- ☑ わき腹に効いている？

動画で解説

1 横向きになりひざを伸ばして脚を床から浮かせる

ローラーを太ももの側面にあてて横向きになり、両脚を伸ばして床から浮かせたら、つま先を内またに。下の腕のひじを曲げて枕にし、上の手は床について体を軽く支える。

2 両足を内またにしてゆっくりと脚を開閉する

内またにする
動きは小さくてOK
ピラ
ほぐ

左右各 5回

両脚を内またにしたまま、息を吸いながら脚を開き、吐きながら脚を閉じる。5回脚を開閉したら、反対側も同様に。両脚を上げるのがツラければ、下の脚は床につけたまま上の脚だけを動かしてもOK。

EXERCISE 6

[ヒップの境目をくっきりと]

お尻上げほぐピラ

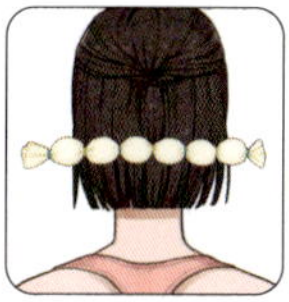

キャンディローラーをあてるのはココ!

ローラーを後頭部にあて、えり足から後頭部の気持ちいいところにあてる。

ほぐピラ指数 ほぐ 100% ― half ― 100% ピラ

感じ方のコツ

- ☑ 下腹はペタンコにできている?
- ☑ もも裏は使われている?

動画で解説

1 両足を壁に押しつけてお尻を床からもち上げる

つま先の向きを
内や外に向けて行っても
ピラ
ほぐ

5回

ローラーを頭のこっている場所にあて、壁に両方の足裏をつけて、ひざを曲げてあおむけになる。脚を腰幅に開いたら、壁に押しつけた足裏を下に引っかけるようにして、その力の分だけお尻が上がるイメージでゆっくりとお尻を5回もち上げる。

2 足を上下にずらしてお尻を床からもち上げる

ほぐ
ピラ
ほぐ

各5回

次に両ひざをそろえて足の位置を上下にずらして、上と同じように足裏を下に引っかけるようにお尻を5回もち上げる。足の上下を入れかえて同様に5回お尻をもち上げる。

POINT

前から見ると

POINT

壁の代わりにムーンボックスライト(P124参照)を使っても

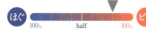

二の腕やせ

腕のむくみ、疲れをとって細腕に

ほぐピラ

パソコンやスマホの長時間の使用で、指や手首、腕全体が思った以上に酷使されています。それが原因で腕の筋肉はカチコチ。血流が悪くなり、二の腕がむくんで太く見えます。こりをほぐして、きゃしゃな二の腕を目指して。

エクササイズの前後に行おう!

二の腕やせ対応

ひじの動かしやすさチェック

同じ姿勢で腕や指を使っていると、ひじの関節が動きづらくなりがち。腕をほぐすと、ひじがよく動くようになり、腕のむくみがとれてすっきり軽くなります。

動画で解説

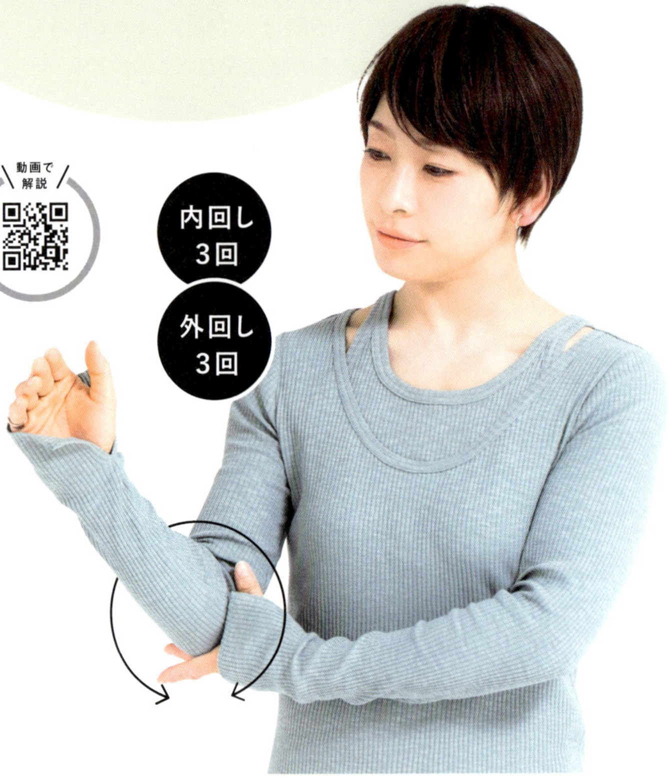

ひじを曲げて、ひじの下に反対の手を添える。そのままゆっくりとひじを内回しに3回、外回しに3回、回す。

ひじは回しやすくなりましたか?
ひじは伸ばしやすくなりましたか?
肩や腕が軽く感じられますか?

二の腕やせほぐピラ5分プログラム

あらゆる方向に腕を動かして、深部までほぐす

動画で解説

二の腕を細くしたいなら、まずはひじ下から裏と表をまんべんなくほぐします。二の腕にローラーをあてたら、いろいろな方向に腕を動かして深部までじっくりほぐしましょう。

EXERCISE 1 >> P68

左右各 5回

腕のむくみをとる

前腕ほぐピラ

EXERCISE 2 >> P69

左右各 5回

手首が動かしやすくなる

腕裏ほぐピラ

EXERCISE 3 >> P70

左右各 5回

たるみを引き締める

二の腕コロコロほぐピラ

EXERCISE 4 >> P71

左右各 5回

きゃしゃなラインに

腕ずもうほぐピラ

EXERCISE 5 >> P72

5回

二の腕の引き締め

両腕コロコロほぐピラ

EXERCISE 6 >> P73

左右各 5回

腕と肩の盛り上がりをオフ

腕の外側ほぐピラ

EXERCISE 1

腕のむくみをとる

前腕ほぐピラ

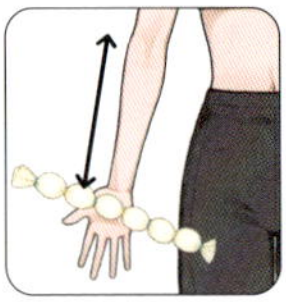

キャンディローラーをあてるのはココ！

手のひらにあて、そこからひじの下までローラーをあてたまま転がす。

ほぐピラ指数

ほぐ 100% — half — 100% ピラ

感じ方のコツ

- ☑ 腕全体を引き出すように動かせている？
- ☑ 肩甲骨が閉じて、みぞおちを引き込めている？

動画で解説

1 手のひらのつけ根にローラーを押しあてる

イスに座り、机の上にローラーを置く。手のひらを下に向けて、手のひらにローラーを押しあてる。（床に座って、台の上にローラーを置いても OK）。

2 ローラーを転がしながら手を遠くに伸ばす

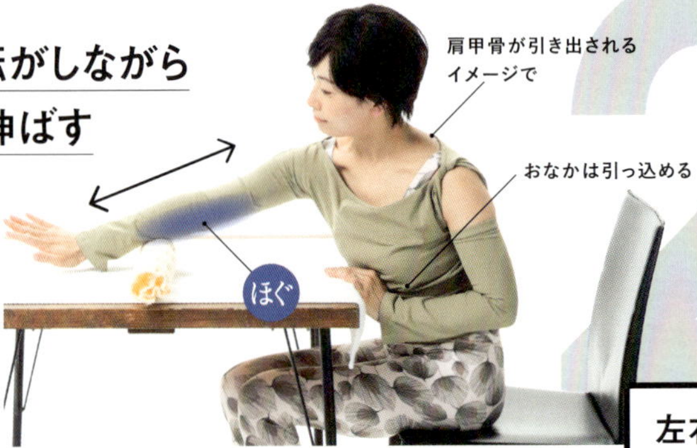
肩甲骨が引き出される
イメージで
おなかは引っ込める
ほぐ

左右各 5回

ローラーを腕に押しつけるようにして転がして、ゆっくりと手を遠くに伸ばしたら元に戻す。親指側、中指側、小指側と角度を少しずつ変えながら転がす。5回行ったら反対側も同様に。

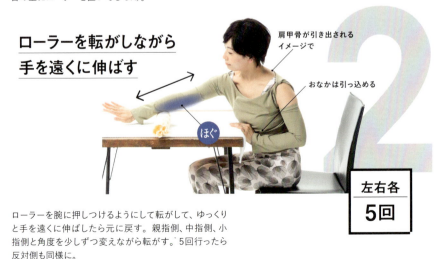

EXERCISE 2

[手首が動かしやすくなる]

腕裏ほぐピラ

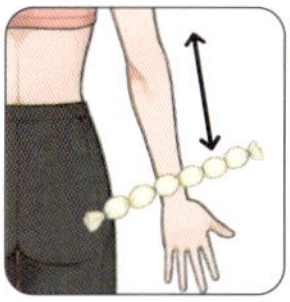

キャンディローラーをあてるのはココ！

手のひらを上に向け、手の甲にローラーをあてる。ひじの下まで腕の裏側をほぐす。

ほぐピラ指数

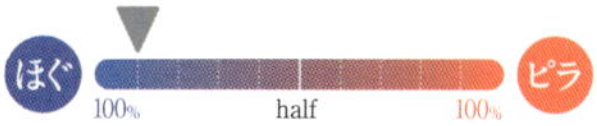

ほぐ
100%
half
100%
ピラ

感じ方のコツ

- ☑ 腕全体を引き出すように動かせている？
- ☑ 肩甲骨が閉じて、みぞおちを引き込めている？

動画で解説

1 手のひらを上に向け ローラーに手の甲をあてる

イスに座り、机の上にローラーを置く。手のひらを上に向け、手の甲にローラーを押しあてる。

2 ひじを伸ばしながら 腕の裏側を手の甲から ひじまでほぐす

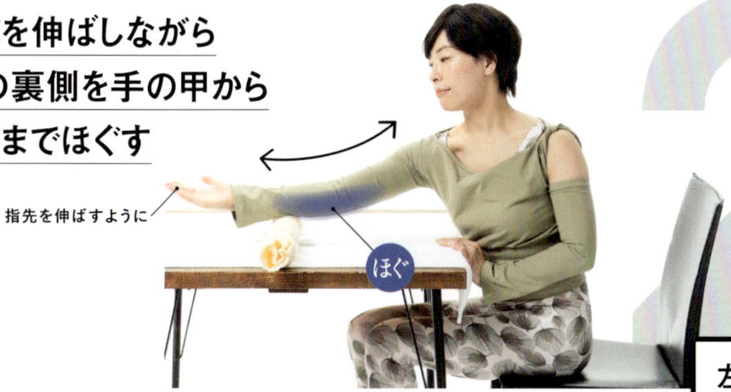

指先を伸ばすように
ほぐ

ひじを遠くに伸ばしながら、手の甲からひじまでローラーを転がして、腕の裏側を5回ほぐす。手のひらの向きを少しずつ変え、かたいところは念入りに。反対側も同様に。

左右各 5回

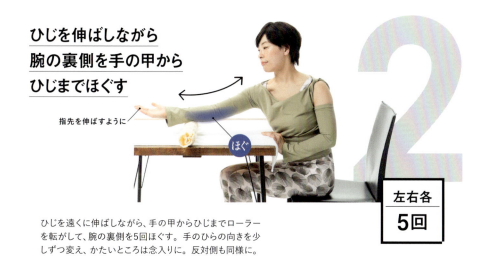

EXERCISE 3

[たるみを引き締める]

二の腕コロコロほぐピラ

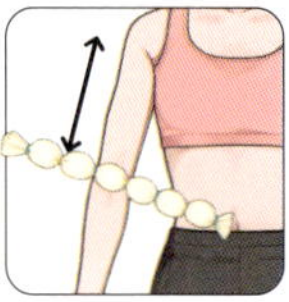

キャンディローラーをあてるのはココ!

ひじの上からわきの下まで、ローラーを転がしながら、二の腕全体にあててほぐす。

ほぐピラ指数

ほぐ 100% half 100% ピラ

感じ方のコツ	☑ わきから肩甲骨に力が入っている? ☑ 肩甲骨から腕が引き出せている?

動画で解説

1 ひじを曲げてローラーに二の腕を押しあてる

ひじを曲げ、ひじの上をローラーにのせる。ローラーに体重をかけながら二の腕を押しあてるのがコツ。

2 体を前後に動かしながら二の腕をほぐす

ほぐ
ピラ
わきに力を
入れながら戻す

ローラーに体重をかけて、肩甲骨を引き出すように体を前後に動かしながら、ひじの上からわきの下まで二の腕を5回ほぐす。反対側も同様に。

左右各 5回

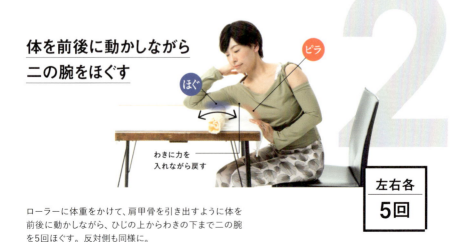

EXERCISE 4

きゃしゃなラインに
腕ずもうほぐピラ

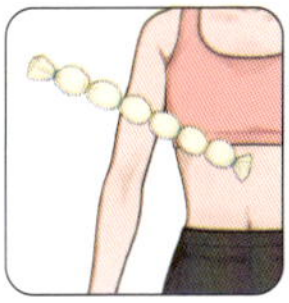

キャンディローラーをあてるのはココ！

二の腕を転がしたときに気持ちいいと感じた場所やたるみが気になる場所にあてる。位置を変えても可。

ほぐピラ指数

ほぐ 100% ― half ― 100% ピラ

感じ方のコツ

- ☑ かたまっていた二の腕がほぐれている？
- ☑ 上腕と肩とがうまく動かせている？

動画で解説

1 二の腕にローラーをあて ひじを外側に開く

ひじを曲げ、二の腕でローラーを転がして、細くしたいと思う場所にローラーを押しあてる。ひじをゆっくりと外側に開く。

2 ローラーをあてたまま ひじを内側に倒す

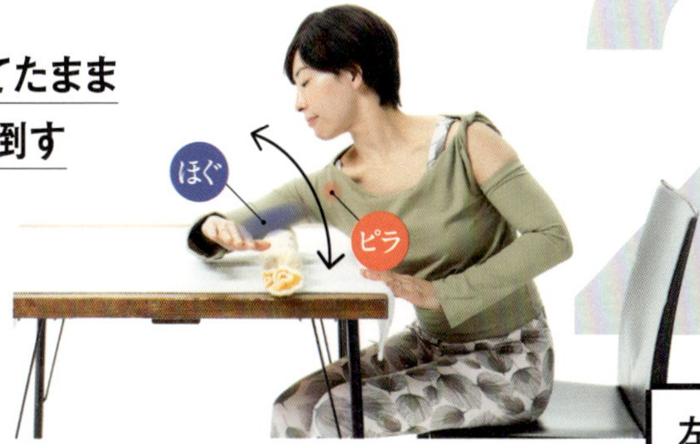

左右各 5回

ローラーを二の腕に押しあてたまま、ゆっくりとひじを内側に倒す。ひじを外側に開く、内側に倒す、を5回行ったら、反対側も同様に。

EXERCISE 5

[二の腕の引き締め]

両腕コロコロほぐピラ

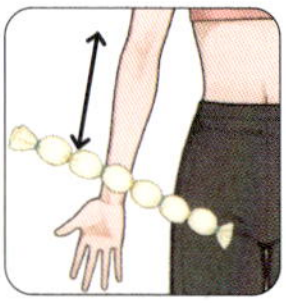

キャンディローラーをあてるのはココ！

ローラーを押しつけながら転がして、手のひらのつけ根からひじの下まで、前腕にあてる。

ほぐピラ指数　ほぐ 100% half 100% ピラ

感じ方のコツ

- ☑ 肩甲骨は下げられている？
- ☑ 背骨が丸まるほうに意識が向けられている？

動画で解説

1 両手の手のひらのつけ根をローラーにあてる

背すじを伸ばして座り、手のひらを下に向ける。両手の手のひらのつけ根にローラーを押しつける。背中を丸めづらい人は背もたれに背中をつけて座って。

2 背中を丸めながら前腕をローラーでほぐす

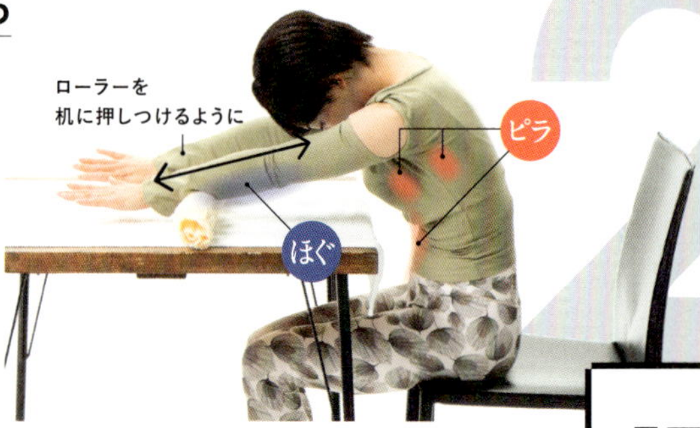
ローラーを
机に押しつけるように
ピラ
ほぐ

5回

息を吐きながらあごを引いて背中を丸め、両腕を前に出して、ローラーをひじの下まで転がして前腕をほぐす。元の姿勢に戻り、また背中を丸めて5回ほぐす。ローラーを押すことで、肩甲骨の側面や胸が使われていることを感じて。

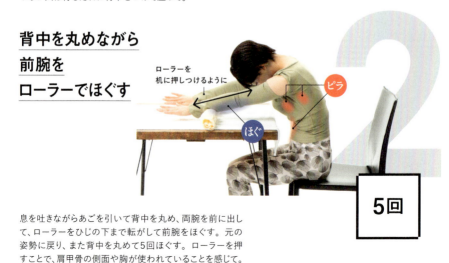

EXERCISE 6

腕と肩の盛り上がりをオフ

腕の外側ほぐピラ

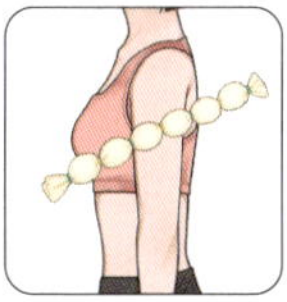

キャンディローラーをあてるのはココ！

腕の外側で、ローラーを押しあてて、気持ちいいと感じたところや盛り上がりが気になるところにあててキープ。

ほぐピラ指数

ほぐ 100% half 100% ピラ

感じ方のコツ

- ☑ 肩の外側はほぐれている?
- ☑ 力を入れてわきを締められる?

動画で解説

1 ローラーに肩の外側を押しあてる

机に対して体を横向きにして座り、ローラーに腕の外側を体重をのせるようなイメージで押しあてる。

2 腕にローラーを押しあてて上体を倒す

左右各 5回

腕の外側にローラーを押しあてたまま、息を吐きながらわき腹を縮めて、上体をゆっくりと倒して頭を傾ける。一度元に戻し、5回くり返す。反対側も同様に。

POINT

胸に力を入れて行いましょう

ほぐピラ

ヒップアップ

［垂れたお尻を引き上げる］

太ももと境目があいまいで、お尻が横に大きく広がっていませんか？　骨盤まわりやお尻側面の筋肉をほぐしながら脚を動かして、コンパクトで形のいいお尻をつくりましょう。

＼エクササイズの前後に行おう！／

ヒップアップ対応

脚の動かしやすさをチェック

脚を横にけり出したり、後ろにけり上げるためには、太ももの裏側やお尻の奥の筋肉を使います。日常生活では使うことの少ない脚の裏面とお尻の筋肉が使えているかを確認！

＼動画で解説／

壁の横に立ち、片手を壁につける。股関節から大きく片脚を横に上げる。

次に骨盤の位置は動かさないように、股関節から脚を大きく後ろに引く。2回行ったら脚を後ろに引いて横に大きく開いて戻すのを2回行う。反対側も同様に。

脚は上がりやすくなりましたか？
股関節に引っかかりはありませんか？
脚の上がる幅が大きくなりましたか？

ヒップアップほぐピラ5分プログラム

おなかの筋肉をほぐして、背面の筋肉を目覚めさせる

動画で解説

おなかがかたいとお尻や太ももの裏など背面の筋肉がゆるんで、ヒップが垂れる原因に。おなかやお尻の側面をほぐしながら、脚をけり上げて、お尻を引き上げる筋肉を目覚めさせましょう。

EXERCISE 1

太ももの境目をくっきりと

脚後ろ上げほぐピラ

>> P76

左右各5回

EXERCISE 2

ヒップを高い位置に引き上げる

バンザイ脚上げほぐピラ

>> P77

左右各5回

EXERCISE 3

お尻の横張りをとる

ヒップサイドほぐピラ

>> P78

左右各5回

EXERCISE 1

太ももの境目をくっきりと 脚後ろ上げほぐピラ

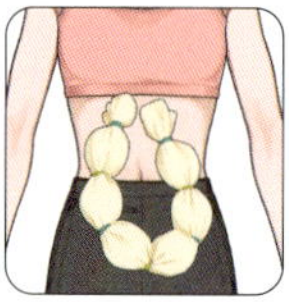

キャンディローラーをあてるのはココ！

おへそを中心に円を描くように、ローラーを円形にしておなか全体にあてる。

ほぐピラ指数

感じ方のコツ

- ☑ おなかはほぐれている？
- ☑ もも裏やお尻は使われている？

動画で解説

1 壁の前に立ち つま先立ちで 片ひざを曲げる

壁の前に立ち、おへそを中心に円を描くようにローラーをおなかにあてて体重をのせる。ひじを曲げて両手を壁につけたらつま先立ちになり、片方のひざを曲げる。

2 上げた脚のお尻を後ろに引き上げる

左右各 5回

おなかをローラーに押しあてながら、上げているほうの脚を、お尻を引き上げるように、息を吐きながら後ろにさらに上げる。5回行ったら、反対側も同様に。

［ヒップを高い位置に引き上げる］

バンザイ脚上げほぐピラ

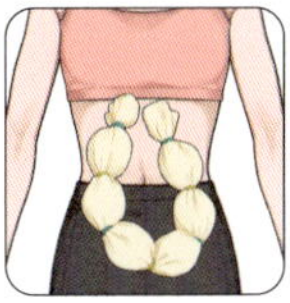

キャンディローラーをあてるのはココ！

おへそを中心に円を描くように、ローラーを円形にしておなか全体にあてる。

ほぐピラ指数　ほぐ 100% ― half ― 100% ピラ

感じ方のコツ

- ☑ お尻と背中は使われている？
- ☑ お尻が引き締まった感覚がある？

動画で解説

1 両腕をバンザイしてつま先立ちで片脚を後ろへ

壁の前に立ち、おへそを中心に円を描くようにローラーをおなかに押しあてて体重をのせる。両腕をバンザイして壁につけたらつま先立ちになり、片方のひざを曲げる。

2 脚をさらに後ろに上げてお尻を鍛える

視線を上にすると
より効く
ピラ
ほぐ

左右各 5回

おなかをローラーに押しあて腕を上に伸ばすようにしながら、上げているほうの脚をお尻を引き上げるように後ろにさらに上げる。5回行ったら、反対側も同様に。

EXERCISE 3

お尻の横張りをとる

ヒップサイドほぐピラ

キャンディローラーをあてるのはココ！

ローラーを円を描くように丸めて、お尻の横でもたつきが気になるところにあてる。

ほぐピラ指数

ほぐ 100% half 100% ピラ

感じ方のコツ

- ☑ お尻が使われている？
- ☑ 脚は徐々に大きく開けている？

動画で解説

1 壁の横に立ちお尻の横にローラーをあてる

ひざを外側にねじる

壁の前に横向きに立ち、お尻の側面に丸くしたローラーをあてて壁に押しつける。壁側の腕は上に伸ばすように上げ、反対側の手はローラーを押さえる。外側の脚は斜め後ろに伸ばしてひざを外にねじってつま先を床につける。

2 外側の脚を斜め上に上げる

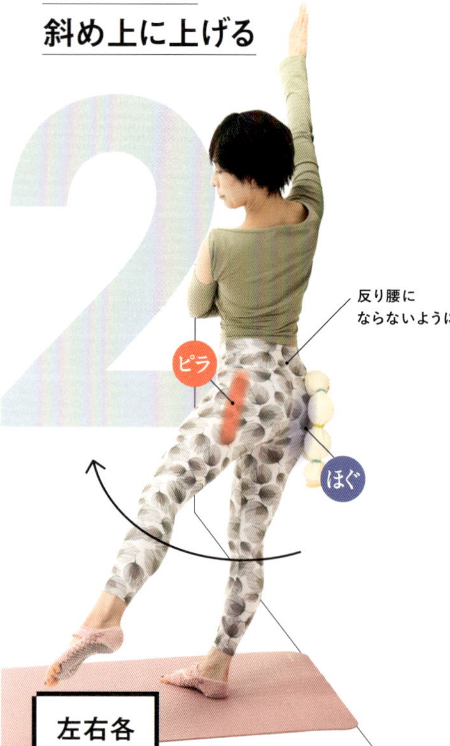
反り腰にならないように
ピラ
ほぐ

左右各 5回

息を吐きながら、外側の脚を大きく開いて戻す。5回くり返したら、反対側も同様に。

!TRY!
できる人はトライしてみよう
①

シチュエーション別ヒップアップ

内ももねじりほぐピラ

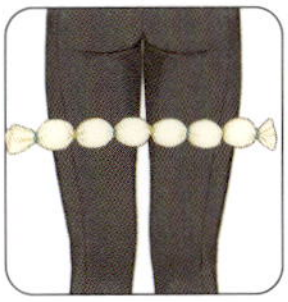

キャンディローラーをあてるのはココ！

もも裏にあてて少し転がして、こりを感じたり気持ちいいところにあてる。

長時間座り姿勢が続いたら、もも裏をほぐしながらひざを小さく動かしましょう。地味な動きですが、つぶれたお尻が丸いヒップに復活!

動画で解説

1

脚を前後に開いて、イスをまたいで座る。もも裏にローラーをあて、ローラーを両手で押さえる。前に出した脚は直角に曲げてかかとを上げ、反対の脚は後ろに伸ばして、つま先を床につける。

2

一度ひざを開き、内ももに力を入れて、後ろ脚のひざを内側に閉じる。これを5回くり返したら、反対側も同様に。

左右各 5回

!TRY!
できる人は
トライして
みよう
②

シチュエーション別ヒップアップ

寝たままできる 内ももねじり上げ ほぐピラ

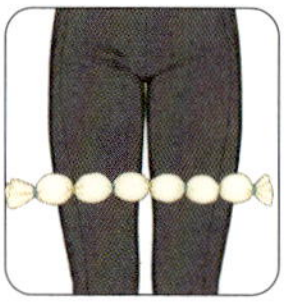

キャンディローラーをあてるのはココ!

横向きになった下側の脚の内ももにローラーをあてる。

横向きになり、ひざを内側にねじった状態で斜め後ろに脚を引きます。仙骨のまわりを鍛えることで、お尻を中央に集めて形のいい小尻に!

動画で解説

1 下の脚のひざをねじり、斜め後ろに伸ばす

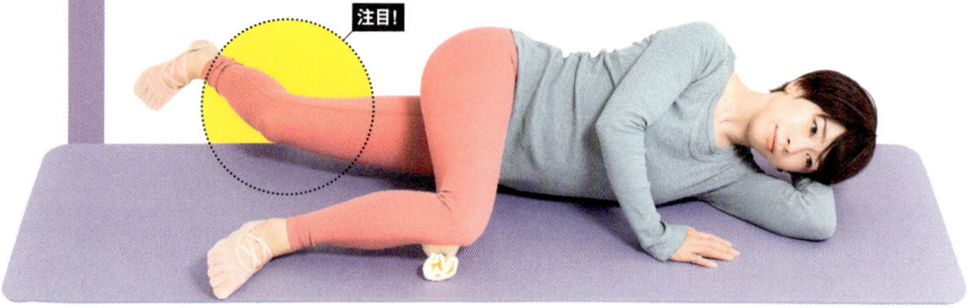

横向きになり、下の腕を頭の下に置き、上の手は床について体を支える。上の脚を直角に曲げて、下の脚の内ももにローラーをあてて、ひざを内側にねじる。

2 下の脚をゆっくりと外側に開く

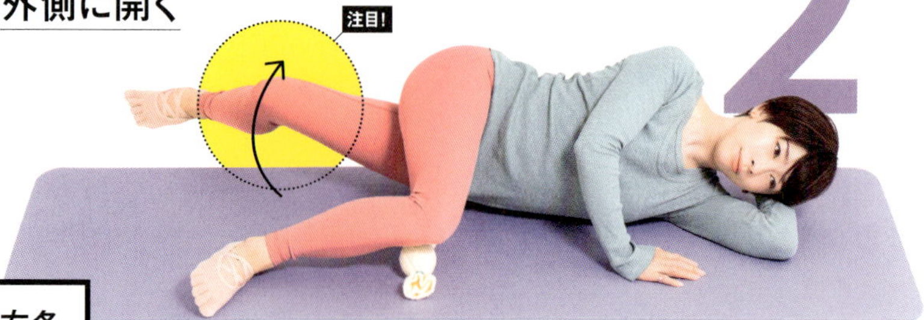

左右各
5回

下の脚をお尻から斜め後ろに引くようなイメージでもち上げる。上の手をお尻に置いて動きを感じながら行うのもおすすめ。5回くり返したら、反対側も同様に。

第4章

やせ体質になる 朝夜ほぐピラ

『ほぐピラ』は、ライフスタイルに合わせて、
いつ、どんなときでも行うことができる
自由なエクササイズ。
一日の中でも朝行えば
日中の代謝を上げるサポートになり、
夜寝る前に行えば深い睡眠につながります。
そんな朝夜にピッタリの
『ほぐピラ』プログラムを紹介します。

朝のほぐピラ

一日の代謝をあと押しする

ゆっくり寝ていたいし、準備などで忙しい朝。起きてすぐ、ほんの5分でも朝のほぐピラを行えば、一日の代謝を上げるサポートになり、やせ体質をつくりやすくなります。

特に朝行ってほしいのは、一日を通して活動的に動けるように背骨を柔軟に動かしていくプログラムです。かたくなった肋骨まわりをほぐして、息を吐きやすい状態にしていくことで交感神経のスイッチをオン。

交感神経が活性化することで、午前中はいつもボーッとしている人もはっきりと目が覚め、動きが軽やかになります。また、体を動かすことがラクになると、通勤の動きがスムーズになり、結果的に代謝がアップすることで、やせ体質に！

夜のほぐピラ

一日の疲れをオフして深い睡眠を促す

夜、寝る前には、深い睡眠を促す副交感神経を優位にするエクササイズが有効です。特に筋肉を強く刺激するような筋トレは交感神経が優位になるので、できるだけ避けましょう。『やさしいほぐピラ』の夜のプログラムでは、一日の体のこりや疲れをゆっくりとほぐしていきます。また、特に肋骨を上げる動きをサポートして、ゆっくり大きく吸える呼吸を促進。副交感神経が働くように促して、寝つきがよく、深い睡眠を得られるように導きます。

そのため、夜寝る前に布団の中などでゆったりとした呼吸を意識しながら行うのがおすすめです。途中で眠くなったら、そのまま眠ってしまってもかまいません。ほんの3〜5分のプログラムなので、毎日行って深い睡眠を習慣に。

目覚めすっきり、一日の代謝アップ

朝のほぐピラ

朝はほぐしを中心に行って、体じゅうに血液を巡らせます。起きてすぐ寝ころんだままこのプログラムを行ったら、立って前屈と後屈にトライ。背骨の動きがスムーズになっていることを感じましょう。

動画で解説

EXERCISE 1 >> P85

ひざゆらしほぐピラ

EXERCISE 2 >> P85

背中ゴロゴロほぐピラ

EXERCISE 3 >> P86

ほぐピラ腹筋

EXERCISE 4 >> P86

斜め起こしほぐピラ

EXERCISE 5 >> P87

ヒップリフトほぐピラ

EXERCISE 6 >> P87

骨盤ひねりほぐピラ

EXERCISE 1

腰のこわばりをほぐして体の動きをスムーズに

ひざゆらしほぐピラ

ほぐピラ指数　ほぐ　100%　half　100%　ピラ

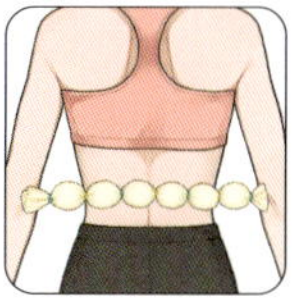

キャンディローラーをあてるのはココ！

あおむけになり、腰のあたりにローラーをあて、少し動かして気持ちのいいところを探す。

動画で解説

そろえた両ひざを左右に倒す

ピラ
手はローラーの上に置いてもOK
ほぐ

腰にローラーをあて両ひざを立ててあおむけになり、両ひじを床について体を支える。おなかの縮まりを感じるまで上体を起こしたら、そのままひざを左右に5往復倒す。

5往復

EXERCISE 2

背骨の可動域を広げる

背中ゴロゴロほぐピラ

ほぐピラ指数　ほぐ　100%　half　100%　ピラ

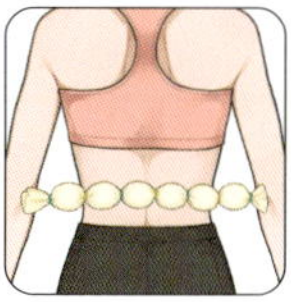

キャンディローラーをあてるのはココ！

あおむけになり、腰のあたりにローラーをあてる。

動画で解説

おなかに力を入れて背中でローラーを転がす

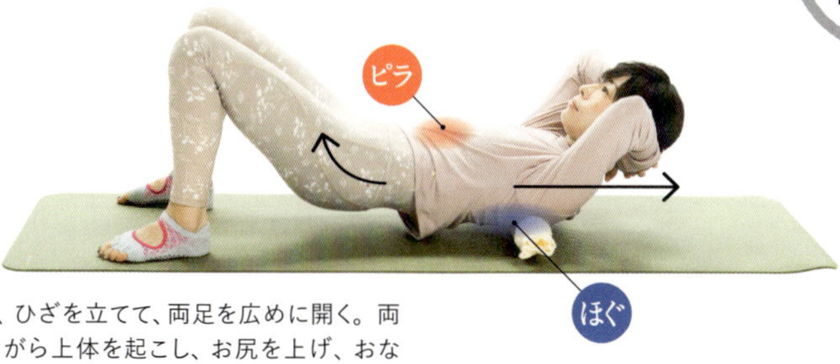

ピラ
ほぐ

あおむけになり、ひざを立てて、両足を広めに開く。両手で頭を支えながら上体を起こし、お尻を上げ、おなかに力が入っているのを感じながら、肩甲骨から腰までローラーを大きくタテに転がして背中をほぐす。

5往復

EXERCISE 3

下腹を鍛えて活力アップ

ほぐピラ腹筋

ほぐピラ指数 ほぐ 100% half 100% ピラ

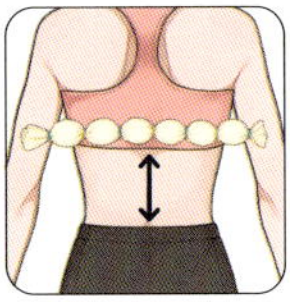

キャンディローラーをあてるのはココ！

ローラーを背中にあてて頭を起こす。ローラーを転がして、おなかがプルプルするところでとめる。

動画で解説

ローラーで背中をほぐしながら上体を起こす

背中にローラーをあててあおむけになり、両ひざを立てて足は広めに開き、両手で頭を支えて上体を起こす。上下にローラーを動かしておなかがプルプルするところでとめる。息を吸って吐きながら、上体を5回起こす。

5回

EXERCISE 4

わき腹を刺激してくびれをつくる

斜め起こしほぐピラ

ほぐピラ指数 ほぐ 100% half 100% ピラ

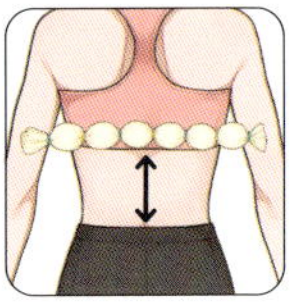

キャンディローラーをあてるのはココ！

背中にローラーをあて、上下左右に体を動かして、かたいところでとめる。

動画で解説

背中にローラーをあて、上体をひねりながら起こす

背中にローラーをあてるようにあおむけになり、両ひざをそろえて立てたら、上下左右にローラーを動かしてかたい場所でとめる。両手で頭を支え、息を吐きながらかたいと思った方向から上体をひねって5回体を起こす。反対側も同様に。

左右各 5回

EXERCISE 5

お尻に力を入れて体を目覚めさせる

ヒップリフト ほぐピラ

ほぐピラ指数　ほぐ　100%　half　100%　ピラ

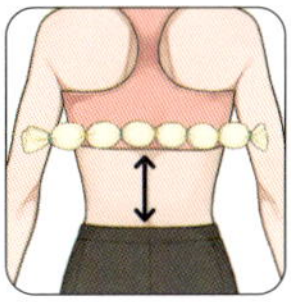

キャンディローラーをあてるのはココ！

腰より上で背中のかたい場所にあてたら、上下にローラーを転がしてこっている場所を探す。

動画で解説

背中にローラーをあてて お尻をゆっくり上げる

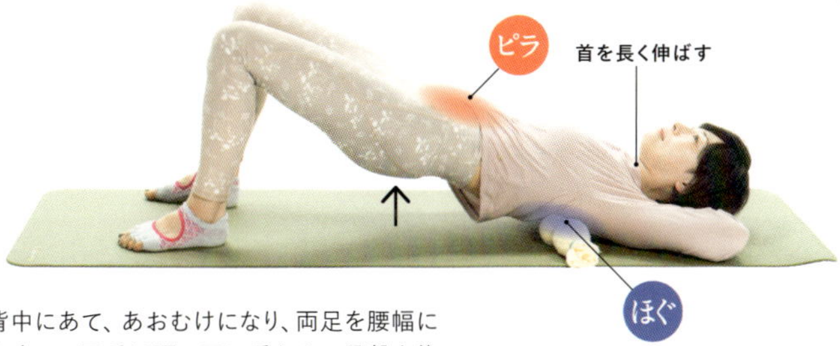

ピラ
首を長く伸ばす
ほぐ

ローラーを背中にあて、あおむけになり、両足を腰幅に開く。ひざを立てて両手は頭の下に重ねる。骨盤を後ろに倒したらひざから首が一直線になるように、息を吐きながらお尻をゆっくり5回上げる。

5回

EXERCISE 6

骨盤のゆがみをとって歩く姿を美しく

骨盤ひねり ほぐピラ

ほぐピラ指数　ほぐ　100%　half　100%　ピラ

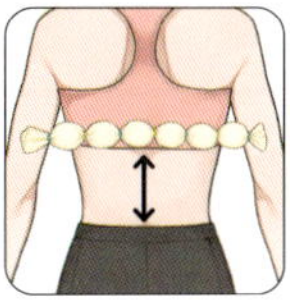

キャンディローラーをあてるのはココ！

腰より上で背中のかたい場所にあてたら、上下にローラーを転がしてこっている場所を探す。

動画で解説

お尻をもち上げて 骨盤を左右にひねる

歩く姿をイメージして
左右にひねる
ピラ
ほぐ

ローラーを背中にあて、あおむけになり、両足は腰幅に開き、両手は頭の下に重ねる。息を吸って吐きながらお尻をもち上げ、骨盤を左右交互に5往復ひねる。

左右 5往復

寝つきをよくして、
翌朝スッキリ

夜のほぐピラ

睡眠中に働く副交感神経を優位にし、深い眠りを促します。行う前にあおむけになり、マットから体が浮いている場所を確認。行ったあとに、もう一度寝て、全身がゆるんでいることを感じましょう。

動画で解説

EXERCISE 1 >> P89

肋骨ゆらゆら ほぐピラ

EXERCISE 2 >> P89

鼻ぐるぐる ほぐピラ

EXERCISE 3 >> P90

脚ゆらゆら ほぐピラ

EXERCISE 4 >> P91

片ひざゆらし ほぐピラ

EXERCISE 5 >> P91

仙骨 ほぐピラ

EXERCISE 1

息を吐きやすくする

肋骨ゆらゆら ほぐピラ

ほぐピラ指数　ほぐ　100%　half　100%　ピラ

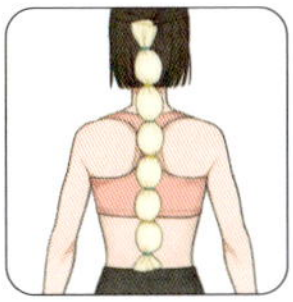

キャンディローラーをあてるのはココ！

マットの上にローラーをタテに置き、一番上のボールに頭がのるようにあおむけになる。

動画で解説

タテに置いたローラーの上にあおむけになり肋骨をゆらす

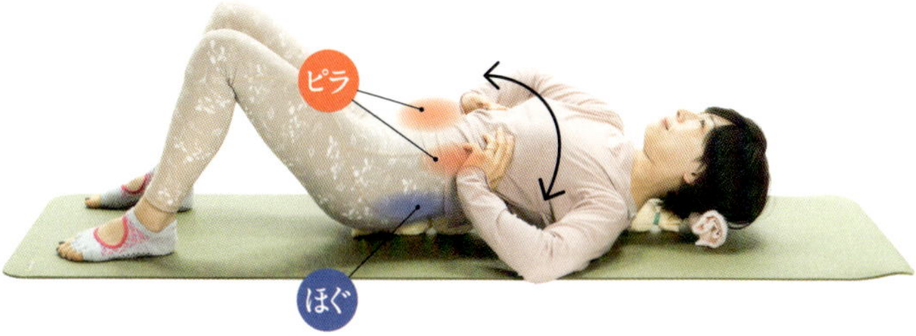

ローラーをタテに置いたら、背骨に沿ってその上にあおむけになり、両足を腰幅に開き、ひざを立てる。両手を肋骨にあて、息を吐きながら肋骨を小さく左右に5回ゆらす。

左右
5往復

EXERCISE 2

寝つきがよくなる

鼻ぐるぐる ほぐピラ

ほぐピラ指数　ほぐ　100%　half　100%　ピラ

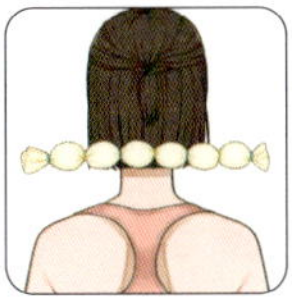

キャンディローラーをあてるのはココ！

頭の後ろからえり足あたりで気持ちのいい場所にあてる。

動画で解説

後頭部にローラーをあてて、鼻を右、左に回す

あおむけになりローラーを後頭部の気持ちのいい場所にあてたら、両足を腰幅に開いて、ひざを立てる。両手は体の横に開く。鼻で小さく円を描くようにぐるぐる右回り、左回り、交互に5回。

右回り
左回り
5回

EXERCISE 3

脚のむくみや疲れをとる

脚ゆらゆらほぐピラ

ほぐピラ指数　ほぐ 100% half 100% ピラ

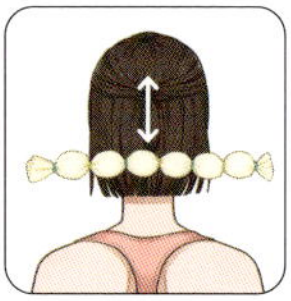

キャンディローラーをあてるのはココ！

頭の後ろで気持ちのいいところにローラーをあてる。

動画で解説

1 つま先を床につけて脚を左右にゆらす

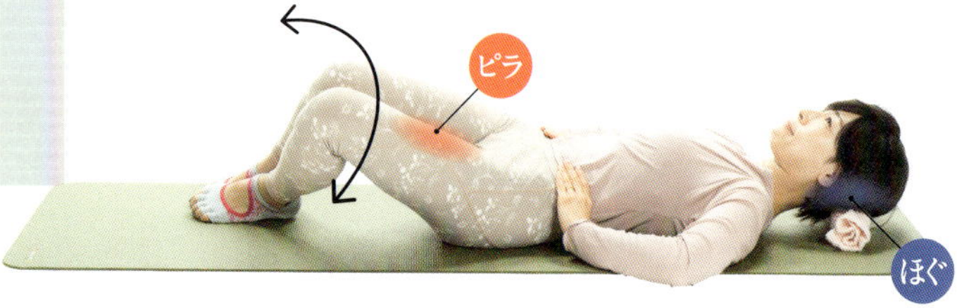

左右 5往復

後頭部の気持ちのいいところにローラーをあててあおむけになり、両足を腰幅に開く。両手は腰に。骨盤を後ろに倒すようにしながらお尻を少しもち上げて、ゆっくりと左右に5往復倒す。腰が反らないように注意。

2 かかとを床に立ててひざを左右にゆらす

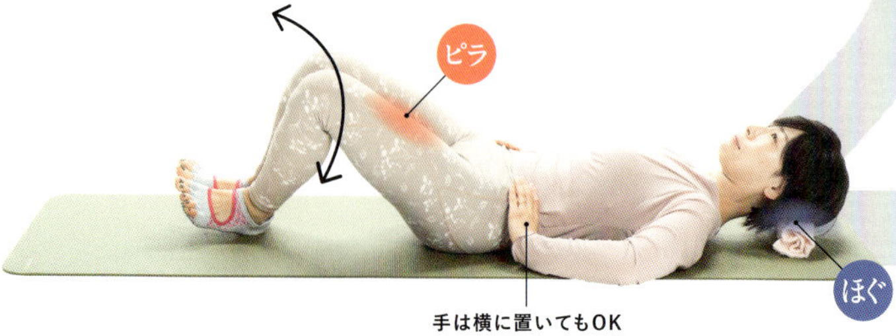

左右 5往復

同じ姿勢のまま、両足のかかとをつけてつま先を上げ、両ひざをゆっくりと左右に5往復倒す。首に力が入らないように注意して、内ももに効いているのを感じて。

EXERCISE 4
一日の股関節の疲れをとる

片ひざゆらしほぐピラ

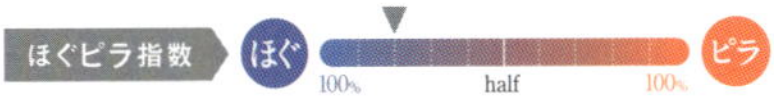
ほぐピラ指数
ほぐ
ピラ
100%
half
100%

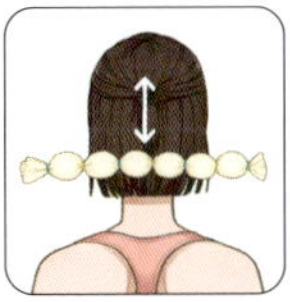

キャンディローラーをあてるのはココ!

頭の後ろで気持ちのいいところにローラーをあてる。

動画で解説

片足のひざを少し伸ばし ひざを小さくゆらす

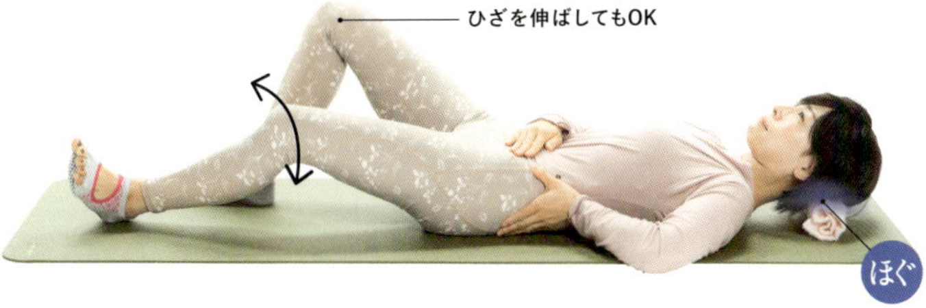
ひざを伸ばしてもOK
ほぐ

左右各 5往復

後頭部にローラーをあててあおむけになり、一度両ひざは立て、動かすほうの脚のひざを少し伸ばしてかかとをつける。片手は股関節、反対の手を腰にあてて、伸ばした脚のひざを小さく左右に5往復ゆらす。反対側も同様に。

EXERCISE 5
深い睡眠にいざなう

仙骨ほぐピラ

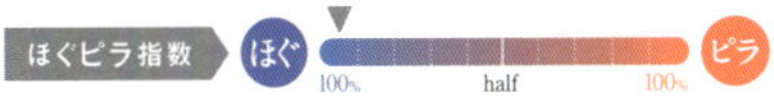
ほぐピラ指数
ほぐ
ピラ
100%
half
100%

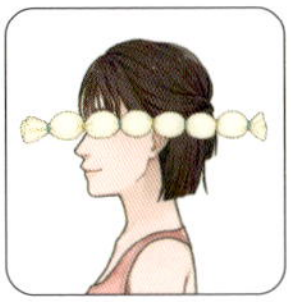

キャンディローラーをあてるのはココ!

耳の上の側頭部でローラーを少し転がし、気持ちのいい場所にあてる。

動画で解説

背中を丸めて 仙骨を手のひらで温める

ほぐ

仙骨に手のひらをあてる

左右各 3呼吸

横たわり側頭部にローラーをあて、両ひざを深く曲げて体を丸める。仙骨を温めるように上の手をあててゆっくり3呼吸。反対側も同様に。

column

ヘアゴムで簡単にできる！
美脚トレーニング

**ハイヒールや足に合わない靴をはいていると、外反母趾などの足トラブルを起こしやすくなります。
ヘアゴム10本で作る美脚トレーニンググッズで足指や足裏の筋肉をストレッチ！**

1

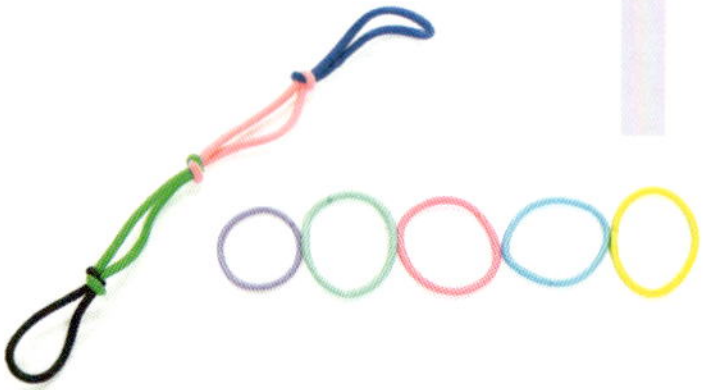

ヘアゴムをつなげて長いゴムを作る

同じ直径のヘアゴムを9〜10本用意。4〜5本のヘアゴムを巻きつけながらつなげて、1本の長いゴムを作る。

2

先端に5本のヘアゴムを結ぶ

先端に残りの5本のヘアゴムを結びつけて、5本の輪がついた長い1本のゴムを作る。これで美脚トレーニンググッズの完成！

3

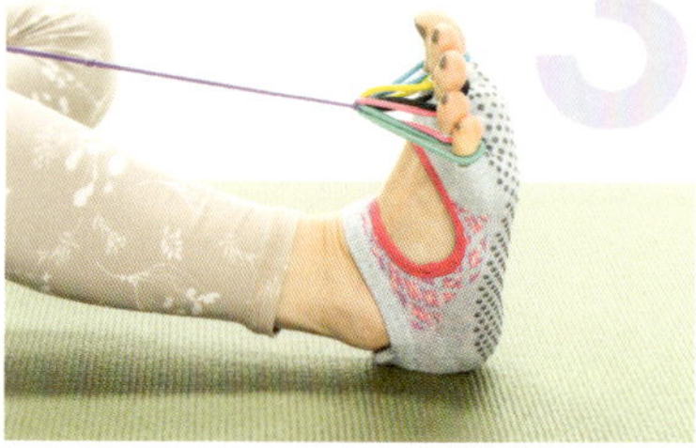

5本の輪を足の指にはめる

5本のヘアゴムの輪を足の指の1本ずつにはめて、長いゴムを引っぱる。指の間が開くような感覚を味わって。

4

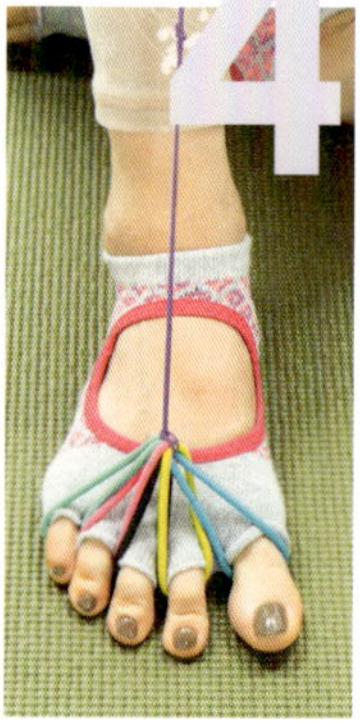

長いゴムを引いて足裏をストレッチ

美脚用のゴムを指にはめたまま、かかとをつけてつま先を立てます。そのまま、長いゴムを手前に引いて足裏をストレッチ。引っぱる方向を変えれば、足のいろいろな場所をストレッチできます。

第5章

気になったときに即ケア！不調解消ほぐピラ

肩こり、首こり、脚のむくみなど、
クリニックに行くほどでもないけれど、
いつもなんとなくすっきりしない体の不調。
やせ体質になることと同じように、
巡りをよくする『ほぐピラ』を行うことで
体の軽さを感じられるようになります。

現代は
首からくる不調の時代
軽いうちに調整することで
不調知らずの体に

不調に流行があるのをご存じでしょうか？ハイヒールをはいて通勤する女性が多かった時代は、腰痛に悩む人が多数を占めていました。ところが、パソコンを使った在宅ワークが増えた昨今、急激に悩む人が増えているのが、首こりや頭痛、眼精疲労などの、首からくる不調です。

　また、一日じゅう座りっぱなしでいる姿勢が原因で、若い世代でも尿もれに悩む人が急増しています。これはねこ背姿勢で骨盤が前に傾き、股間にある恥骨がつぶれ、骨盤を支える骨盤底筋群が使えなくなることで起こります。さらにねこ背姿勢が定番化したことで、背中は丸まり腸が押されて便秘になる人や、呼吸が浅い人が増え、眠れない人も。背中を丸めてパソコンやスマホをのぞき込む日常生活が新たな不調の流行をつくっているのです。

　このように、どういう不調が起こるかは生活様式によって変わります。若く健康であれば、寝ている間に体を自力で調整することができましたが、睡眠不足や、年齢を重ねると自力での対応が難しくなり、体を動かして調整することが必要になってくるのです。

そこで役立つのが本章で紹介する『不調解消ほぐピラ』。

感じた不調を筋肉をほぐしながら動かすことでラクにしていきます。不調は体のバランスがくずれ始めているというサイン。なんとなく感じる体の違和感をほうっておかずに、変化にいち早く気づいてあげることで、不調を軽い段階で解決していくことができます。

どこかに不調を感じたり、不調を感じる前でも、同じ姿勢が続いたりしたら『ほぐピラ』を行って、しばらくそのプログラムを続けてみましょう。不調が起きにくい筋肉の使い方が身につけば、不調の起きづらい体に変わってきます。

[不調1]

肩こり・首こりほぐピラ

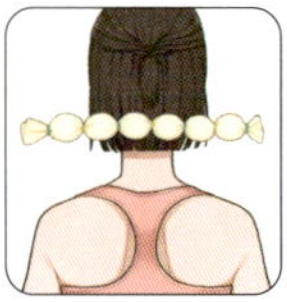

キャンディローラーをあてるのはココ！

首と頭の境目のくぼみ、ぼんのくぼあたりで、気持ちいいところにローラーをあてる。

ほぐピラ指数

ほぐ
ピラ
100%
half
100%

同じ姿勢が続くと首の骨と背骨の動きが悪くなり、肩や背中、胸の筋肉にこりがたまります。また、体幹の筋肉がゆるんでいるので、肩や首に力が入りがち。首や胸の筋肉をほぐしながら、わき腹を縮めて腹筋を鍛えて、肩や首への負担を減らし、肩、首のこりをオフ。

1

頭を左右にスライドさせる

両ひざをそろえて立てる
ローラーの端を持つ
頭の下に雑誌を置いて高さを出す

高さが5～10cmくらいになるように雑誌をまとめて置き、その上に頭をのせてあおむけになる。両ひざは立てる。ぼんのくぼにあてたローラーの端を持ち、左右交互に5回、頭をスライドする。

5回

POINT

頭を左右にスライド

ほぐピラ指数

ほぐ 100% half 100% ピラ

2 頭をもち上げて左右にスライド

1の姿勢からおなかの力を使って上体をもち上げて、頭を雑誌から浮かせる。左右のわきを縮めるように、左右交互に頭を5回スライドする。

5回

ほぐピラ指数

ほぐ 100% half 100% ピラ

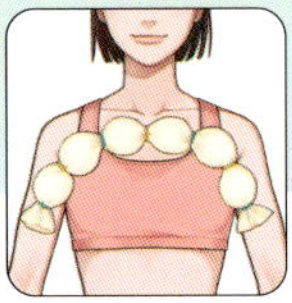

キャンディローラーをあてるのはココ！

左胸の側面から、鎖骨の下を通って右の胸の側面へ半円を描くように、胸の上にローラーをあてる。

3

胸にローラーをあてて おなかをもち上げる

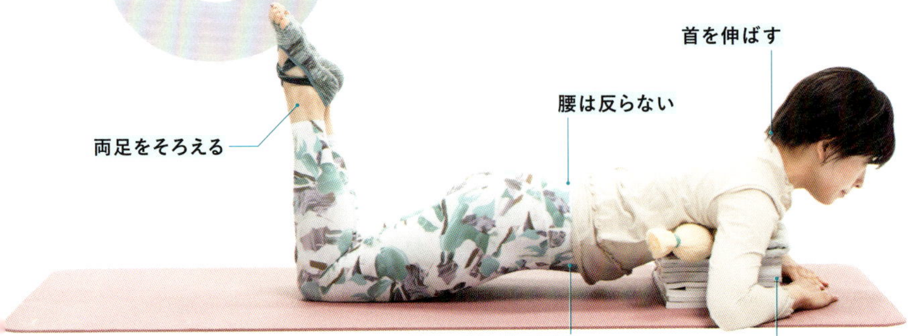

首を伸ばす
腰は反らない
両足をそろえる
おなかは自然に浮く
雑誌は高さ
15～20㎝に

雑誌を15～20㎝ぐらいの高さになるように重ねて、その上にローラーを置いて、そこに胸の上をあてるようにうつぶせになる。ひざを曲げて両足を上げ、腰は反らないようにしながら、体をまっすぐ保つ。

⇓

ピラ
ほぐ

ローラーに胸を押しつけながら、首を前に伸ばして下を向き、腹筋を使いながらおなかをもち上げる。ゆっくりと元の位置に戻す。この動きを5回行う。

5回

ほぐピラ指数

ほぐ 100% half 100% ピラ

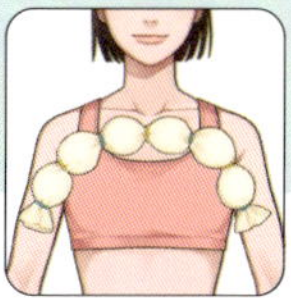

キャンディローラーをあてるのはココ！

左胸の側面から、鎖骨の下を通って右の胸の側面へ半円を描くように、胸の上にローラーをあてる。

4 片腕と目線を斜め上へ

目線は斜め上へ
手は斜め上へ
両足はそろえる
ピラ
ほぐ

左右各 5回

重ねた雑誌の上にローラーを置き、そこに胸の上をあててうつぶせになりひざを曲げて両足を上げる。片手はひじをついて体を支え、反対の腕を斜め上に上げて、小さく5回動かす。反対側も同様に。

ほぐピラ指数

ほぐ 100% half 100% ピラ

5 伸ばした腕を床から浮かす

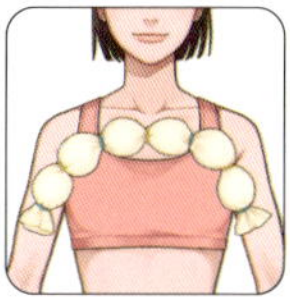

キャンディローラーをあてるのはココ！

左胸の側面から、鎖骨の下を通って右の胸の側面へ半円を描くように、胸の上にローラーをあてる。

両足をそろえる
ピラ
ほぐ
手首を曲げる

左右各 5回

重ねた雑誌の上にローラーを置き、そこに胸の上をあててうつぶせになりひざを曲げて両足を上げる。片手のひじを伸ばして手首を上に曲げ、顔は反対側に。伸ばした腕を小さく5回上げ下げ。反対側も同様に。

[不調 2]

四十肩・五十肩ほぐピラ

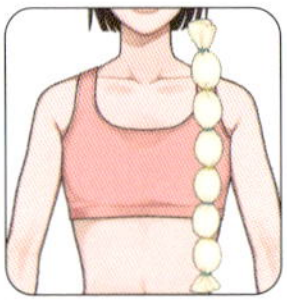

キャンディローラーをあてるのはココ！

ローラーをタテにして鎖骨の下にあてて転がす。気持ちいいところでとめて手で押さえる。

ほぐピラ指数

ほぐ 100% ― half ― 100% ピラ

突然、痛くて腕が上がらなくなる四十肩や五十肩。肩を回す筋肉や肩甲骨を動かす筋肉に炎症が起きていることで起こります。胸や肩の筋肉をじっくりほぐして、肩への負担を軽減。痛みがひどくなる前に、無理をせず動かせる範囲で肩を動かして、予防しましょう。

1

鎖骨下をほぐしながら ひじの下を動かす

ローラーをタテにして、片手で反対側の鎖骨の下に押しつける。ローラーをあてた側のひじを直角に曲げ、ひじ下を小さく上下に5回動かす。反対側も同様に。

左右各 5回

ほぐピラ指数

ほぐ 100% half 100% ピラ

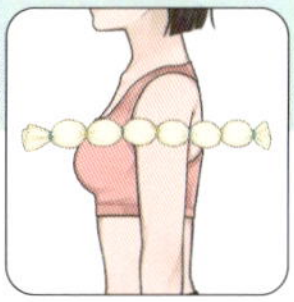

キャンディローラーをあてるのはココ！

肩のつけ根から腕の外側で、気持ちいいところにローラーをあてる。

2 腕の外側をほぐしながら体をゆらす

左右各 5回

腰から上を左右に動かす
両ひざは重ねて曲げる
雑誌の上にタオルをのせる
ピラ
ほぐ

高さが15cm以上になるように雑誌を重ねてタオルをのせる。その上にローラーをのせ、腕の外側をローラーに押しあてて、ひざを曲げて横向きになる。わき腹を左右交互に縮めるようにしながら腕の外側をほぐす。5回行ったら、反対側も同様に。

ほぐピラ指数

ほぐ 100% half 100% ピラ

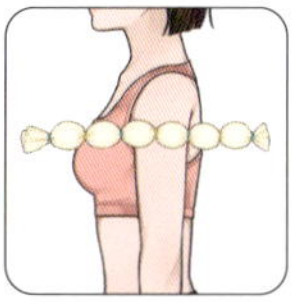

キャンディローラーをあてるのはココ！

肩のつけ根から腕の外側で、気持ちいいところにローラーをあてる。

3 ゴルフのスイングで肩をほぐす

ピラ
両手の甲を合わせる
ほぐ

左右各 5回

2と同じ姿勢で、両腕を伸ばして両手の甲を合わせる。腕をそろえたまま、ゴルフのスイングのように下から上へ5回動かして肩をほぐす。反対側も同様に。

[不調3]

脚のむくみほぐピラ

キャンディローラーをあてるのはココ！

ローラーをふくらはぎに巻きながらあてて、ローラーの両端を持つ。

ほぐピラ指数

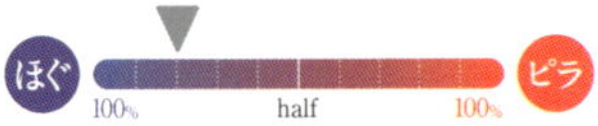

ほぐ
100%
half
100%
ピラ

股関節の動きが悪いと、水分代謝が悪くなり脚がむくむ原因に。ふくらはぎからひざの上まで、ローラーの位置をずらしながら脚の筋肉をほぐして、同時に股関節の可動域を広げます。おなかのインナーマッスルにもアプローチして、骨盤のゆがみ改善もサポート。

1

曲げたひざを小さく左右にゆらす

片手でローラーの両端を持つ
ひざを小さく左右にゆらす
ほぐ
片脚はラクに伸ばす

15cmくらいの高さに重ねた雑誌の上に頭をのせてあおむけになる。片方のひざを曲げ、ふくらはぎにローラーを巻いて、小さく左右に5回ゆらす。

左右各 5回

POINT

ひざを手前に引き込むことで、ひざ裏にスペースがつくられてむくみ解消に！

ほぐピラ指数

ほぐ 100% half 100% ピラ

2 股関節から脚を開いたり閉じたりする

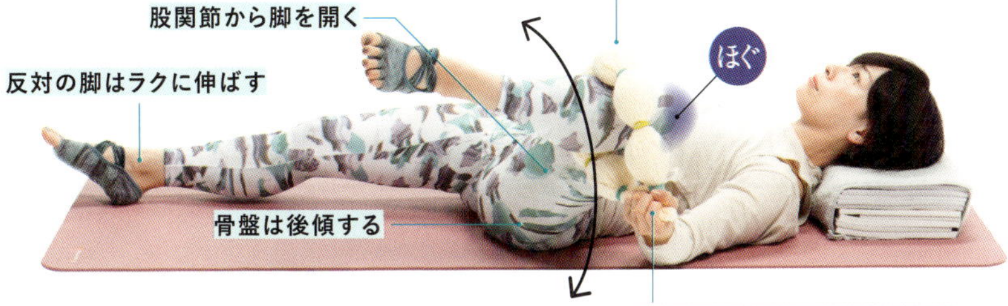
反対の手は腰へ
股関節から脚を開く
ほぐ
反対の脚はラクに伸ばす
骨盤は後傾する
片手でローラーの両端を持つ

次に、股関節を大きく開くように、ローラーで引っぱりながらひざを外側に開く。開く&閉じる動きを5回行ったら、1と2を反対側も同様に。

左右各 5回

ピラ

POINT

上から見るとこのような感じ

[不調4]

便秘・冷えほぐピラ

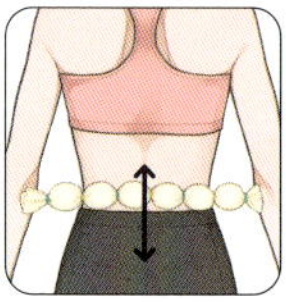

キャンディローラーをあてるのはココ！

腰にローラーをあてて転がし、気持ちいいところでとめる。

ほぐピラ指数

ほぐ 100% ― half ― 100% ピラ

便秘がちな人の腰はカチコチ。腰まわりをほぐすことで大腸の動きを促します。合わせて、上半身と下半身をつなぐおなかのインナーマッスル、大腰筋を鍛えて、全身の血流を巡らせて冷えを改善。夜寝る前に行うと深く眠れて、翌朝はスッキリ快便に！

1 腰をほぐしながら骨盤を前後に動かす

POINT
骨盤を後ろへ

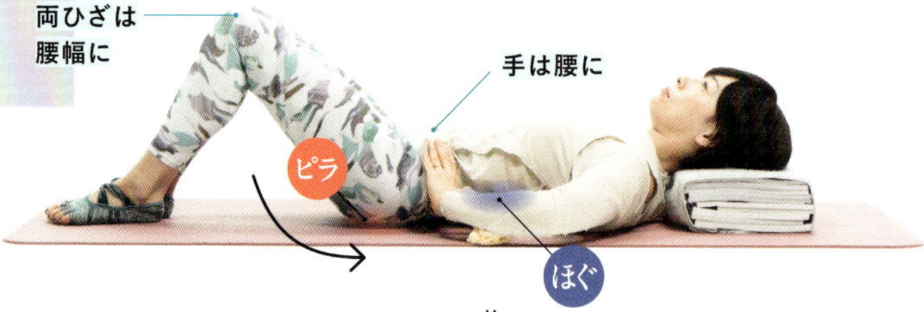

⇓

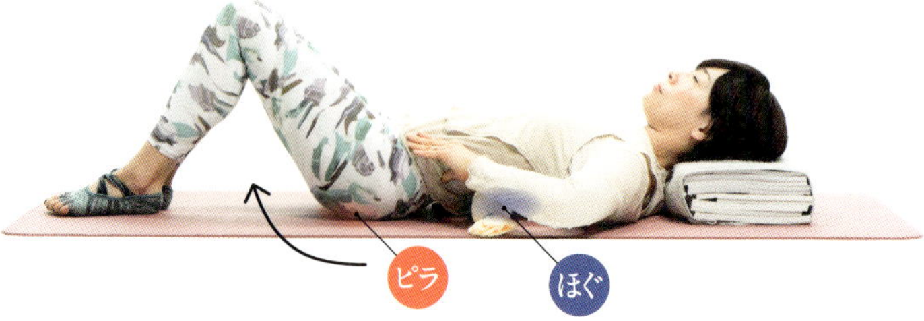

高さ15cmほどに重ねた雑誌の上に頭をのせてローラーを腰にあててあおむけになり、ひざを立てて、脚を腰幅に開く。手を腰にあて、骨盤を後ろ、前へと交互に5回ずらす。

POINT
骨盤を前へ

5回

ほぐピラ指数

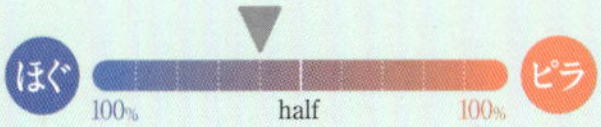

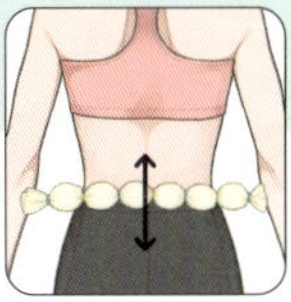

キャンディローラーをあてるのはココ！

腰にローラーをあてて転がし、気持ちいいところでとめる。

2 両ひざをそろえて左右にゆらす

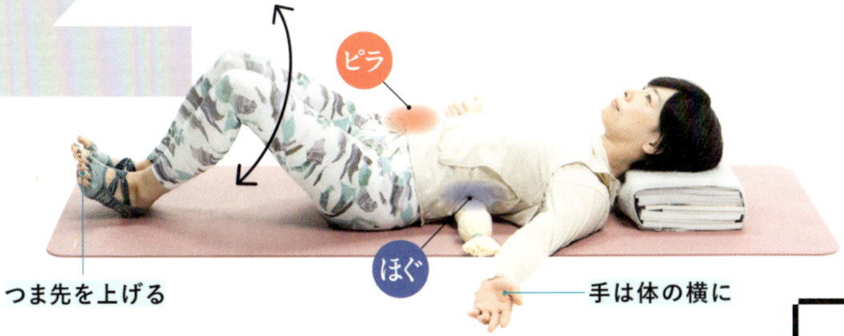

5往復

高さ15cmほどに重ねた雑誌の上に頭をのせてローラーを腰にあててあおむけになる。ひざを立てたらかかとを床につけてつま先を上げる。両手は体の横に開き、ひざを左右に小さく5回ゆらす。

ほぐピラ指数

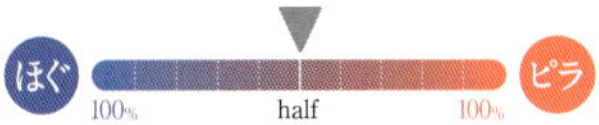

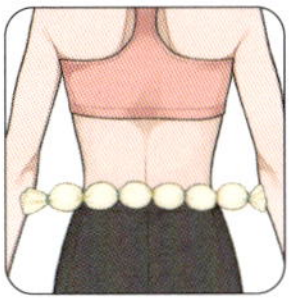

キャンディローラーをあてるのはココ！

腰にローラーをあてて転がし、気持ちいいところでとめる。

3 おなかを意識しながら片方のお尻をもち上げる

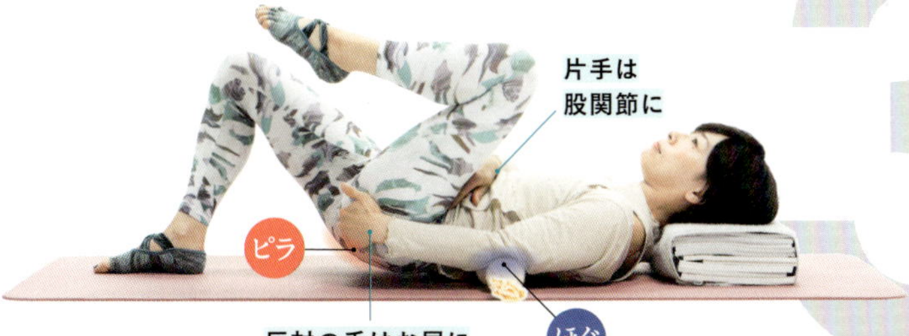

左右各5回

高さ15cmほどに重ねた雑誌の上に頭をのせ、ローラーを腰にあてておあむけになり、ひざを立てる。片ひざを胸に近づけ、片手は股関節に、反対の手はお尻にあてる。お尻に力を入れて床からもち上げて下ろすを5回くり返す。反対側も同様に。

column

座りっぱなし生活で急増中!
尿もれ

くしゃみをしたとき、おなかに力を入れたとき、尿もれの経験はありませんか?
最近は経産婦をはじめ、座り生活が日常化した現代女性に尿もれが急増しているんです。
人には相談しづらい尿もれにおすすめの『ほぐピラ』を紹介します。

腹筋下部の錐体筋《すいたいきん》の衰えが尿もれの原因

尿もれのない状態

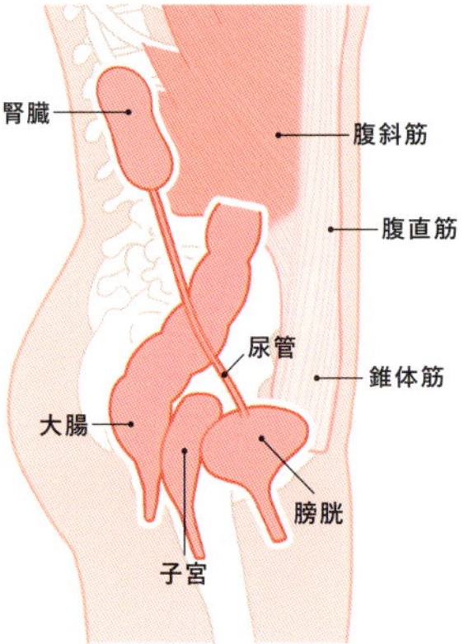

尿もれしやすい状態

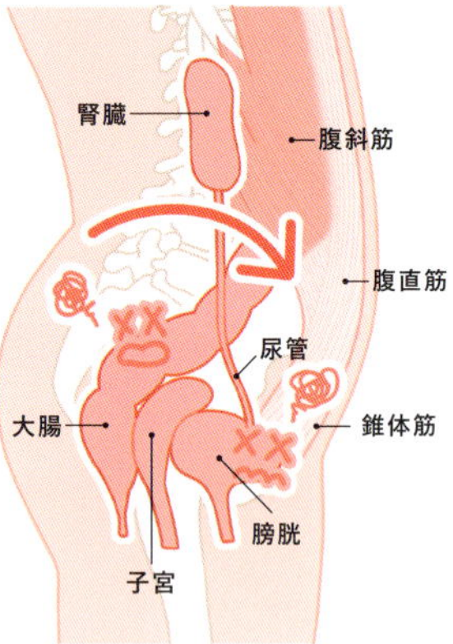

腹部まわりの筋肉を鍛えれば内臓が正常な位置に戻る

膀胱、子宮、直腸はハンモックのように臓器を下からおさえる骨盤底筋群によって支えられています。さらにおなかの前側を走る腹直筋と、腹直筋のまたに近い下部には錐体筋という筋肉があり、これらの筋肉によって内臓が正常な位置に保たれているのです。ところが座り生活が続いて、この腹直筋、錐体筋、骨盤底筋群が使えなくなっている人が増加中。この筋肉を再教育することで尿道を締めることができるようになり、尿もれを防げます。

骨盤底筋群を鍛えて尿道や膣口を締める

骨盤底筋群の間に膣の入り口=膣口、尿道、肛門があります。骨盤底筋群が弱ると尿道の閉まりが悪くなり、ふいにおなかに力が入ったときに尿もれに。骨盤底筋群と内臓を引き上げる下腹部の筋肉を鍛えて尿もれを防ぎましょう。

骨盤底筋群を下から見ると

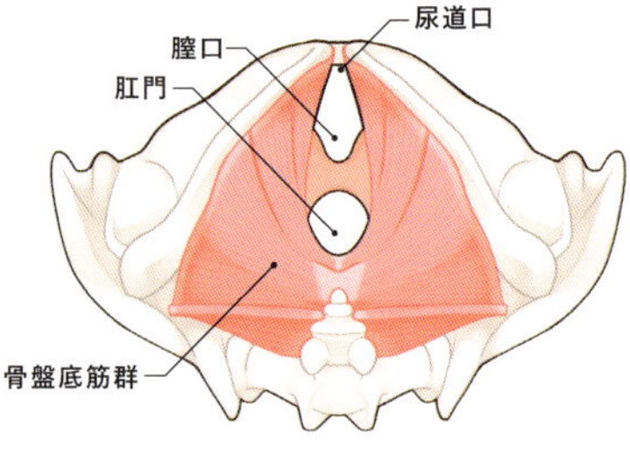

尿もれほぐピラ

POINT

下腹に力が入るイメージで

左右各
5回

右ひざの内側に左手をあてて押し合う

あおむけになり、かかとを立てて両ひざを曲げる。右足のかかとを左ひざの上にのせて、左手を右ひざの内側にあてて、手と足で押し合う。

POINT

骨盤底筋に力を入れて

左右各
5回

手と足で押し合ったまま頭をもち上げる

右足と左手で押し合ったまま、右手で頭を支え、息を吐きながらあごを上げて上体を少しもち上げる。またが引き上がり、下腹部に力が入っているのを意識しながら5回行う。反対側も同様に。

column

すきま時間にヘアゴム1本で

手の甲のアンチエイジング！

血管が浮き出てきたり、ふっくらとしていた手がゴツゴツしてきたり……。手の甲は年齢が出やすいところ。特にパソコンやスマホの長時間使用によって指の筋肉は思った以上に疲れています。それも手の甲が老ける原因のひとつ。すきま時間にヘアゴムを使って指の疲れを取り除きましょう。

1

ヘアゴムを指に通して、手をすぼめる

1本のヘアゴムを親指から小指の根元にあてるように通す。5本の指先を集めるように手をすぼめる。

2

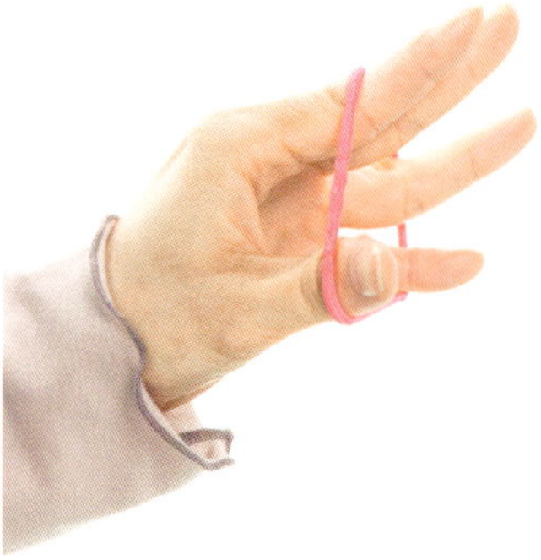

ヘアゴムのテンションを感じるように手を大きく開く

ヘアゴムを通したまま、ゴムのテンションがかかるように手を開く。手を閉じる、開くを10回ほどくり返す。反対側も同様に。

第6章

オフィスでも テレワークでも 座って簡単にできる イスほぐピラ

座り姿勢が続くと、筋肉のバランスが悪くなり、
不調やボディラインのくずれの原因に。
そばにキャンディローラーを常備して、
イスほぐピラを習慣にしましょう。

たくさん息を吸い込める体をつくる

胸ほぐピラ

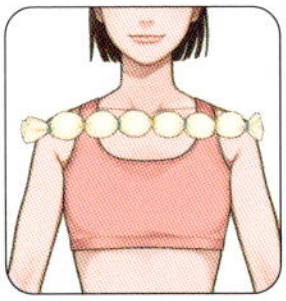

キャンディローラーをあてるのはココ!

左右の鎖骨の下にローラーがあたるようにセット。

ほぐピラ指数

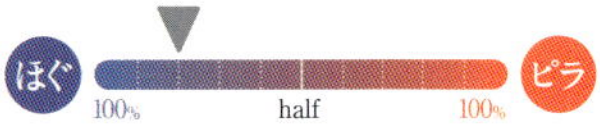

感じ方のコツ

- ☑ 胸がほぐれている?
- ☑ 息は吸いやすくなっている?

ねこ背姿勢が続くと胸の上の筋肉がかたくなり、息をたくさん吸えなくなります。呼吸が浅い!と気づいたら、キャンディローラーをかかえて胸の上をゴロゴロ。深い呼吸をサポートしてくれます。寄りかかって背もたれにすきまができる場合は、タオルをはさみましょう。

1 ローラーを腕にかかえて鎖骨の下にあてる

脚はそろえなくてもラクな姿勢でOK

POINT

背もたれに丸みがあって背中がつかない場合は、背もたれにタオルをかけてすきまを埋める。

イスに座り、ローラーが左右の鎖骨の下にあたるように、両ひじを曲げてローラーを腕にはさむ。

2

ひじを上げ下げして胸の上をほぐす

腕と胸で
ローラーをはさむ
ほぐ
ローラーを
押しつけて

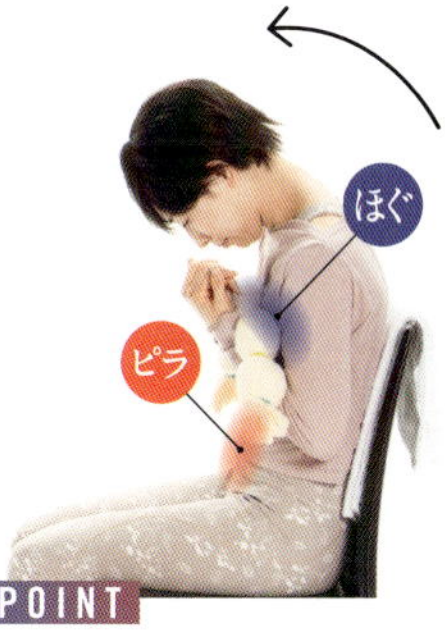
ほぐ
ピラ

POINT

背中を丸めるとさらにほぐれる！

ひじを下げてローラーを下に転がすときに、おなかを縮めながら背中を丸める。ローラーを上げるときに背中を伸ばす。背中の動きが加わるとさらにほぐれる。

ローラーを胸の上に押しつけたまま、ひじを下げたり上げたりしながら、ローラーを5回転がして、胸の上をまんべんなくほぐす。

5回

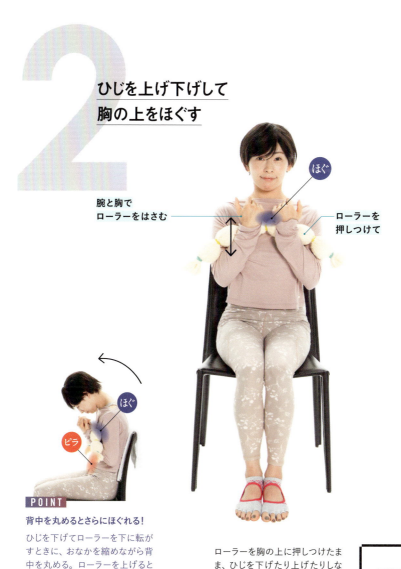

息を吐きやすくして呼吸を深める

腰ひねりほぐピラ

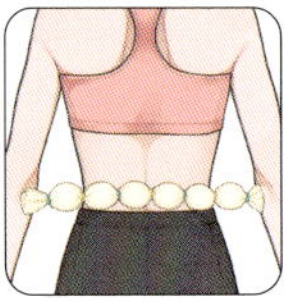

キャンディローラーをあてるのはココ！

腰まわりで気持ちいいと感じるところにローラーをあてる。

ほぐピラ指数

ほぐ 100% ― half ― 100% ピラ

感じ方のコツ

- ☑ 背中はほぐれている？
- ☑ 大きくひねれている？

胸の上をほぐすことで息が吸いやすくなったら、肋骨をひねって息を吐きやすくしましょう。「胸ほぐピラ」（P110参照）とぜひセットで行ってほしいエクササイズ。座り姿勢でかたくなった腰まわりの筋肉をほぐしながら、肋骨まわりの筋肉を鍛えて、腰痛予防に！

1

胸の前で両手を合わせて腰を左にひねる

POINT

正面から見ると

イスに深く座り、胸の前で両手を合わせる。腰をローラーに押しつけるようにしながら、ゆっくりと腰をひねって上体を左に向ける。骨盤はまっすぐ前をキープ。

2 胸の前で両手を合わせて腰を右にひねる

肋骨をひねる
イメージで
腰の
かたいところに
押しつける
ほぐ

POINT

肋骨からひねるイメージで
動かしましょう!

左右
5往復

一度体を正面に向けたら、次に腰をひねって上体を右に向ける。ゆっくりと左右交互に上体を5往復ひねる。

背骨の動きをよくしてねこ背解消

座って ほぐピラ腹筋

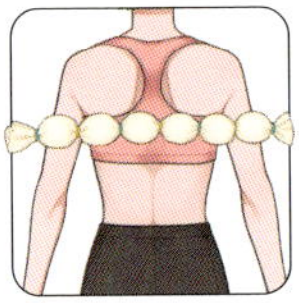

キャンディローラーをあてるのはココ！

肩甲骨の下あたりで、気持ちいいと感じるところにあてる。

ほぐピラ指数

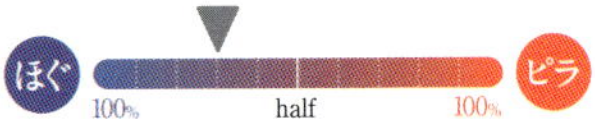

感じ方のコツ

- ☑ 背骨がしっかり動いている？
- ☑ 背骨が動くのを感じてる？

同じ姿勢を続けてかたくなった背骨をひとつずつ動かすように、胸を閉じたり開いたりして背骨の可動域を広げます。１回ごとに少しずつ胸が大きく開くようになって、呼吸が深くなるのを感じられるはず。同時に首や肩のこりもラクになってくると思います。

1 両手を頭の後ろで組み背中を丸める

両手は頭の後ろで組む

イスに深く座り、左右の肩甲骨の下あたりにローラーをあてて、両手を頭の後ろで組む。息を吐きながら、背骨をひとつずつ動かすように背中を丸める。

2 胸を大きく広げて背中を後ろに倒す

POINT

できるだけ後ろを見るように
視界を広げて胸を開きましょう

胸を大きく開く
ピラ
イスの後ろに
すきまがあいたら
タオルをはさむ
ほぐ

息を吐きながら、背骨をひとつずつ動かすように、胸を大きく開いて背中を後ろへ倒す。視線はできるだけ後ろへ。胸を閉じて、開くを、5回くり返す。

5回

肩こり・首こりを座って予防

首・背中ほぐピラ

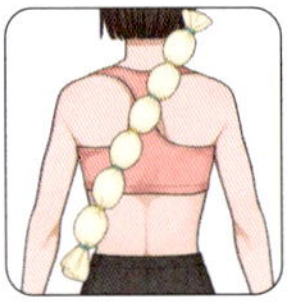

キャンディローラーをあてるのはココ！

肩にローラーの端を引っかけ、肩から反対の腰まで背中に、斜めにあてる。

ほぐピラ指数

ほぐ 100% half 100% ピラ

感じ方のコツ

- ☑ 肩がほぐれている？
- ☑ 腕は肩甲骨から動かせている？

ローラーを肩から腰へ斜めにあてて、首や肩、背中にある大きな筋肉をほぐすエクササイズ。はじめは手や首が動きにくいと感じるかもしれません。少しずつ動かすうちに、首や腕、肩が軽くなると思います。その小さな変化を感じながら行いましょう。

1 ローラーに首をのせて、腕を上げてひねる

視線は斜め上へ
片腕を上げて内側にねじる
ほぐ
ローラーの端を持って固定

イスに深く座り、片方の手でローラーの端をつかみ、反対の腕を上げて内側にひねる。首すじをローラーにあてるように傾けて、視線は上げた腕と反対の斜め上に。

POINT

キャンディローラーを斜めがけに

2

上げた腕を外側に倒して体を反らせる

POINT

背中や首のこっているところをローラーに押しつけてほぐすのがコツ

上げた腕を小さくから徐々に大きく倒して、首と背中を刺激する。5回行ったら、ローラーの位置を変えて、反対側も同様に。

左右各

5回

脚やせもおなかやせもむくみオフもかなう

お尻ほぐピラ

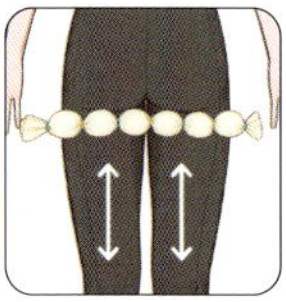

キャンディローラーをあてるのはココ！

太ももの裏側で、お尻と太ももの境目あたりにあてる。位置を少しずつずらしながら、もも裏の気持ちいいところにあてて行うのも効果的。

ほぐピラ指数　ほぐ　100%　half　100%　ピラ

感じ方のコツ

- ☑ お尻の下側はほぐれている？
- ☑ 股関節の動きはよくなっている？

夕方になると脚がパンパンになる人は、下半身の血流や水分代謝が悪くなっています。もも裏をほぐしながら、股関節の可動域を広げて血流を促進。股関節の動きがよくなると、むくみ予防にはもちろん、内もものたるみもとれて、引き締まった美脚がかないます。

1 お尻と太ももの境目にローラーをあてて手で押さえる

イスに浅く座り、脚を開く。片脚の太ももの裏側でお尻との境目あたりにローラーをあて、ひざを内側に向ける。両手でローラーを押さえる。

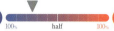

2

股関節を開くように
脚を外側に開く

もも裏がほぐれて
いるのを感じながら
脚を動かす

POINT

股関節は一気に大きく
動かさず、小さくから
徐々に大きく可動域を広げる。

股関節を開くように、ローラーをあてた脚をつけ根から開く。5回行ったら反対側も同様に。ローラーをもも裏の気持ちいいところに動かして行うと、さらに太ももがほぐれる。

左右各
5回

太ももの前側を鍛えて、ひざのたるみをとる

脚ほぐピラ

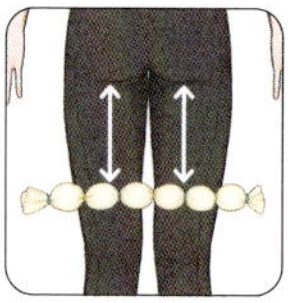

キャンディローラーをあてるのはココ！

ひざ裏の少し上で気持ちがいいところにローラーをあてる。

ほぐピラ指数

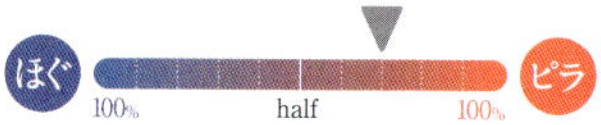

感じ方のコツ

- ☑ もも裏はほぐれている？
- ☑ 太ももの前側に力が入ってる？

ひざの裏側あたりをほぐしながら、ひざの曲げ伸ばしをして、太ももの前側を鍛えます。つま先の向きを内、正面、外に変えることで、太ももをまんべんなく鍛えて、筋肉バランスのとれた引き締まった脚に。年齢が出やすいひざのたるみやしわも改善します。

1 ローラーを ひざ裏の少し上にあてて つま先を正面に向ける

ローラーを手で押さえて固定する

イスに座り、ローラーをひざ裏の少し上にあてて、両手でローラーの左右を押さえ、つま先を正面に向ける。

POINT

伸ばしたつま先の向きを変えながら行う

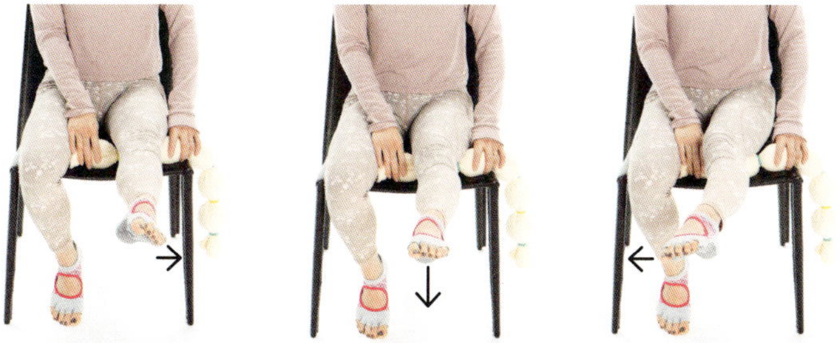

外向き　　正面　　内向き

2 床と平行になるまで ひざを伸ばす

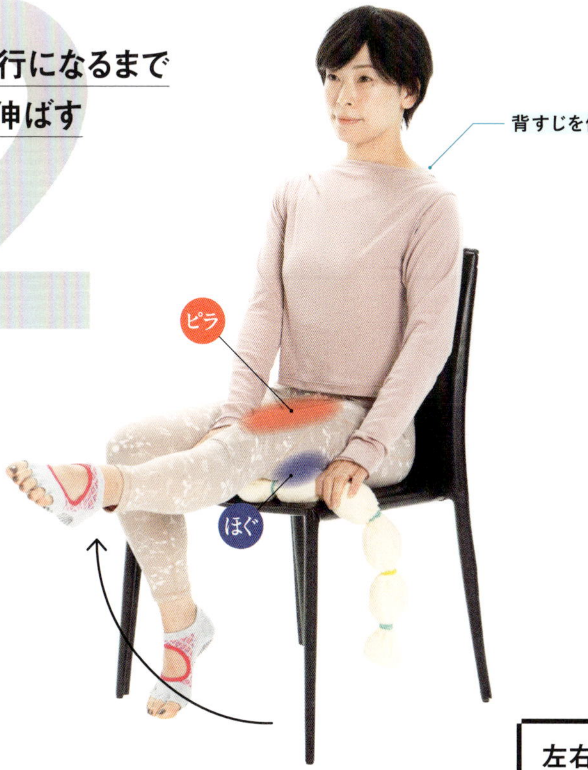

左右各 5回

ローラーにもも裏を押しつけながら、ひざ下が床と平行になるまでひざを伸ばす。曲げ伸ばしを5回くり返したら、つま先の向きを内側、外側に変えて同様に。反対側も同様に。

になるQ&A

『ほぐピラ』を行う中で、疑問に思うことを集めました。
わからないことを解決して、もっとキレイを目指しましょう。

Q 何種類やってもいいの？

A なりたい体型や悩みに合ったものを1つでも複数でも行ってOK

「部分やせ」プログラムで紹介している5～6種類の動きはセットで行ったほうが効果が出ますが、時間がないときには1つでもOK。ほかのプログラムもなりたい体型や悩みに合わせて1つでも、いくつでも行っても問題ありません。大事なことは少しずつでも長く続けること。生活の習慣にして続けていくことで体は必ず変わります。

Q 先生の動画や写真のように動けません

A 同じように動けなくても大丈夫。動かそうとするのが大事

同じように動けなくてももちろん問題ありません。動けないとあきらめずに、同じように動かそうと筋肉の動きに意識を向けてみましょう。まずは動ける範囲でキープしていくと、筋肉へ神経が通るようになり、動けるようになります。

Q 結果を出すためには何から始めたらいいの？

A 準備運動から始めましょう (P36～)

本書では運動が苦手な人でもできるように、できるだけ簡単な動きを紹介しています。それでもこりの強い人は、体を大きく動かす『ピラ』の要素が強いものは、難しいと感じるかもしれません。そこで、こりの強い人はまず準備運動から始めて、こりをほぐしながら徐々に『ほぐピラ』の動きに慣れていきましょう。

Q 痛みはガマンしても続けたほうがいい？

A NO! 痛みを感じたら負荷を軽くして

痛みを無理してそのまま続けるのは厳禁。キャンディローラーの上にタオルをのせて転がしたり、高さが15㎝ほどになるように雑誌を重ねてその上にローラーをのせて転がすなど、負荷を軽くして行いましょう。

『ほぐピラ』でキレイ

Q 生理中や妊娠中、産後にやってもいいの？

A 妊娠中、産後は専門医に相談を。生理中は無理をしなければOK

妊娠中、産後は必ず専門医の指示に従ってください。産後は、始めていい時期を聞き、まずは足の甲や足裏から始めましょう。また生理中はおなかを刺激するポーズを避けて、無理をしなければ行ってもOKです。

Q 問題がなくなってきたらどうすればいいの？

A ローラーなしでも動けるかをチェック

こりを感じなくなり、写真と同じように動くことができるようになったら、ローラーなしでも同じ動きができるかどうかを試してみましょう。そのとき『ピラ』したい場所にきちんと効いているのを感じられればOK。また、回数を増やしたり、違う種目にトライしたりするのもおすすめ。

Q より早く効果を出す方法は？

A 『ほぐピラ』の『ピラ』（鍛える）を意識しましょう

キャンディローラーでのほぐしが気持ちよくて、『ほぐ』にハマる人も多いかもしれません。でも、こりを見つけてローラーをあてたら、『ピラ』の動きに意識を集中しましょう。はじめは思うように動かなくても、慣れてくれば動くようになります。そうすることでなまけていた筋肉が目覚め、より早く体が変わります。

Q 毎日続けないと効果はないの？

A こりを感じたら「やる!」で大丈夫

毎日続けなくても、体が重いな、こりが気になるなと思ったときに、行うのでも効果はあります。こりはかたさや場所がどんどん変わるので、気になるこりに合わせて、行うプログラムを変えていくのもおすすめです。

ほぐピラに役立つ グッズ

手作りのキャンディローラーでもの足りなく感じるように体が変化してきたら、
突起の深いローラーやボールを活用してみては？　また負荷を軽くしたい人は台が便利です。

足裏や手など狭いところや ピンポイントのほぐしに

コロコロ転がしながら狭いところをほぐせる。左・ビースティーボール（ハード）、右・同（ソフト）各¥3400

深層のこりまでほぐす突起つきローラー

こりが強い人に。上・ランブルローラーショートサイズ¥6450、下・同ミドルサイズ¥9240

負荷を軽くしたいときに役立つ台

高さ15㎝の台形の台は、負荷を軽くしたいときにローラーをのせて使用。ムーンボックスライト¥11000

2つのボールが転がって 首や腰のほぐしに便利

ボールの間の幅は調節可能。左・ダブルピーナッツ・ビースティーボール（ハード）、右・同（ソフト）各¥4950

美ボディになるための おすすめアイテム

『ほぐピラ』で体が変わってくると、もっとキレイになりたい！ という気持ちがわき上がってきます。
そんなときに役立つ“美”をあと押しするアイテムです。

つま先に注目した足先サポーター

本来の足裏のアーチを取り戻すのをサポート。4サイズ展開。外反母趾、O脚、ねこ背対策に。足先サポーター¥2200

全身に転がして血行促進

5種の金属鍼を全身に転がして張りのある肌に。敏感肌にも対応。ボディメディテーションローラー¥22000/EKATO.

腰がラクになる

腰に巻いて使うことで骨盤を立てる感覚が身につく。腰痛の人にも◎。ラクナール¥10175

炭酸ガスパックでぷるぷる肌に

炭酸ガス持続時間約60分の炭酸ガスパックで肌の代謝をアップ。肌のためのスペシャルケアに！ プレシャス ジェルパック 3回分¥4950／ EKATO.

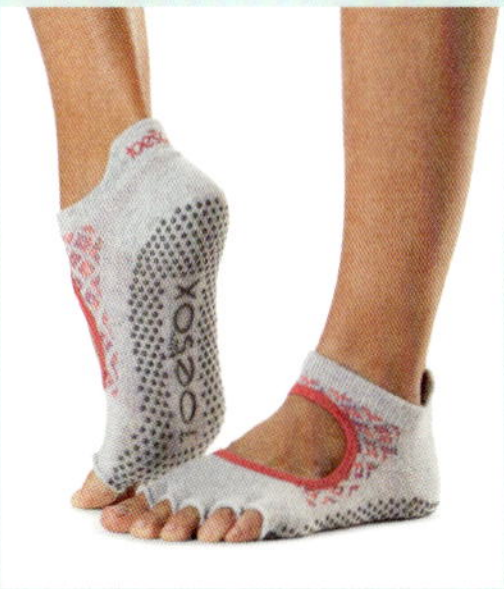

著者自身も『ほぐピラ』で愛用中

はくだけで足指を広げながら萎縮している筋肉に働きかける。Grip Half Toe Bellarina Siesta ¥2100／ ToeSox Japan

むくみ解消&疲労回復に

高品質な国産のエプソムソルトマグネシウムを配合。筋肉の滞りにアプローチしながら肌の乾燥ケアも。ボディメディテーションミスト¥5500/EKATO.

＊ EKATO.、ToeSox 以外の商品は、オンラインストア https://fitnesslifeplan.com より購入できます。

おわりに

みなさん、いかがでしたか？　こうして『やさしいほぐピラ』を刊行することができたのも、みなさんの応援があってこそ！のことです。

『ほぐピラ』を世に出させていただいてから、毎日SNSのフォロワーのみなさんから、「不調が改善されました！」「毎日の疲れとの向き合い方が変わりました！」「ボディラインが変わっていくにはまだまだだけど、こんなに続けられたものは初めて、です！」など、嬉しいお言葉をいただいています。もっともっと愛してもらえるように、この『ほぐピラ』のメソッドの中でも、本書では、より「体を整えながら変える！」ことにフォーカスしたエクササイズをご提案しました。

エクササイズの中には、「小さな動きが難しい！」と思う方もいらっしゃるものがあるかもしれません。でもトライしてみると、つい使ってしまう筋肉たちをほぐしながら動かし、動きにもっと集中していくことで体が変わってくることを実感してもらえると思います。本書では初めて『ほぐピラ』を行う方にもわかりやすいように、より丁寧にしっかりと！解説することを意識しました。

『やさしいほぐピラ』として世の中に出すからには、丁寧で、運動強度は高すぎず……、でも！体を変えてくれるメソッドと考えた結果、かなり盛りだくさんな内容となりました（笑）。

何度も何度も読み返して、動いてをくり返し、長く愛される本となれば嬉しいです。

今こうしてこの「おわりに」まで読んでくださっているみなさん、ありがとうございます。

そして、体が変わったという結果よりも、『ほぐピラ』を始めたというそのプロセス（過程）を大切にしてくださる方が今後も増えていきますように。

『ほぐピラ』の進化は、まだまだ続きます！

星野由香

STAFF

【本誌】装丁・本文デザイン……鈴木大輔・江﨑輝海（ソウルデザイン）
撮影……佐山裕子（主婦の友社）、土屋哲朗
ヘアメイク……イワタユイナ、川嵜千裕（rondine）
スタイリスト……近藤和貴子、滝沢真奈
マンガ……白ふくろう舎
イラスト……芦田 凜
構成・取材・文……山本美和
編集協力……露木香織（主婦の友社）
編集……三橋祐子（主婦の友社）

【動画】撮影・編集……土屋哲朗
ヘアメイク……川嵜千裕（rondine）
スタイリスト……滝沢真奈

【本誌】

COVER、IMAGE
トップス ¥12100／チャコット　ブラトップ ¥8250／ StyleBoatMarket　レギンス ¥5980／ヨガウェア HIKARI　ソックス／本人私物

P37-45、P82-92、P110-121
ブラトップ ¥7920、レギンス ¥9460／ともに emmi yoga(emmi ニュウマン新宿)　トップス ¥10450／チャコット　ソックス ¥2310／ toeSox(ToeSoxJapan)　ヨガマット ¥4400／ヨガワークス

P51-57、P59-65、P67-73、P75-78
ブラトップ ¥8690、レギンス ¥13200／ともに StyleBoatMarket　トップス ¥5480／ヨガウェア HIKARI　ソックス ¥3080／ toeSox(ToeSoxJapan)

P96-105、P108
トップス ¥8250、ブラトップ ¥8690、レギンス ¥13200／すべて StyleBoatMarket　ソックス ¥3520／ toeSox(ToeSoxJapan)

P 30、P 31、P50、P58、P66、P74、P79、P80、P107
レギンス¥14200／ルルレモン　ソックス¥2300／ toeSox(ToeSoxJapan)

その他／スタイリスト私物

【動画】

ブラトップ & レギンスセット（オンライン限定）¥13200／ emmi yoga(emmi ニュウマン新宿)　ソックス¥2500／ toeSox(ToeSoxJapan)　その他／スタイリスト私物

< 問い合わせ先 >

EKATO.……http://ekato.online/
emmi ニュウマン新宿……03-6380-1018
Fitness Life Plan……https://fitnesslifeplan.com/
StyleBoatMarket……03-6438-1877
チャコット……0120-919-031
ToeSoxJapan……092-716-5514
http://www.toesox-japan.com/
ヨガウェア HIKARI……http://yogahikari.thebase.in/
ヨガワークス……03-3544-1886
ルルレモン……https://www.lululemon.co.jp

※本書に掲載されている商品やブランドについての情報は、変更になる場合があります。

星野由香　ほしのゆか

Profile

パーソナルトレーナー。東海大学体育学部卒。学生時代より、人間が健康で美しくいるための人体構造に興味を持ち、西洋医学、東洋医学の両面から体の仕組みを探求。卒業後、大手フィットネスクラブを経て、パーソナルトレーナーとしての経験をもとに、「ほぐし」と「ピラティス」を融合した独自のメソッド「ほぐピラ」を考案。モデルや女優など多くの著名人からボディを要望どおりに変えると支持を集める。テレビや雑誌などのメディアでも注目される、今、最も予約のとれないカリスマトレーナー。著書『ほぐピラ WORKOUT 「ほぐす」+「ピラティス」がいちばん痩せる!』(講談社)。

▶Instagram　yuka.hoshino222

▶Twitter　@Heartily0301

やせ体質《たいしつ》になれる　やさしいほぐピラ

令和3年8月10日　第1刷発行

著　者　星野由香《ほしのゆか》
発行者　平野健一
発行所　株式会社主婦の友社
〒141-0021　東京都品川区上大崎3-1-1
目黒セントラルスクエア
電話03-5280-7537(編集)
03-5280-7551(販売)

印刷所　大日本印刷株式会社

ISBN978-4-07-446090-8

■本書の内容に関するお問い合わせ、また、印刷・製本など製造上の不良がございましたら、主婦の友社(電話:03-5280-7537)にご連絡ください。
■主婦の友社が発行する書籍・ムックのご注文は、お近くの書店か主婦の友社コールセンター(電話:0120-916-892)まで。
＊お問い合わせ受付時間　月～金(祝日を除く)9:30～17:30
主婦の友社ホームページ　https://shufunotomo.co.jp/

＊本書に掲載されている情報は、本書発売時点のものです。情報、URL等は予告なく変更される場合があります。
＊QRコードの動画は内容や期限ともに、予告なく変更される場合があります。
＊「ほぐピラ®」は、星野由香の登録商標です。

・本書でご紹介したエクササイズの効果には個人差があります。
・回数はあくまで目安です。ご自身のできる範囲で無理せず行ってください。
・見本と同じような動きができなくてもまったく問題ありません。見本の動きに近づけようと意識するだけでも体は変わります。
・体調が悪い場合や、ケガをしている場合には、行わないでください。また、エクササイズの途中で痛みを感じた場合には、行うのをやめましょう。
・痛みが強い場合は、我慢せず、負荷を軽くして行ってください。
・エクササイズによりアザができた場合は、その部分を避けて行ってください。
・エクササイズはいつ行ってもかまいませんが、食後すぐはなるべく避けてください。
・妊娠中の方や、持病をお持ちの方、通院されている方は、事前に主治医とご相談のうえ行ってください。
・エクササイズにおいて生じた負傷や不調については、一切責任を負いかねますのでご了承ください。